Bernhard Stentenbach

AF286039

Richtig

Englisch sprechen

Im persönlichen Gespräch
und am Telefon

smf

Richtig Englisch sprechen

von
Bernhard Stentenbach, Langenfeld

ins Englische übertragen von
Andrew J. Swift, Nottingham, und Cordula Jansen-Demiray,
London,

unter Leitung von
Monika Berger - expressis verbis Übersetzungen, Solingen

2. Auflage

smf-Buch

Copyright © 2013 Bernhard Stentenbach, Langenfeld
Umschlaggestaltung: Martin Niggemann, Münster
Herstellung und Verlag: Books on Demand GmbH, Norderstedt
Made in Germany
ISBN 3-8334-2920-8

Vorwort

Liebe Leserin, lieber Leser,

dieses Buch richtet sich an Sie, die Sie über Grundkenntnisse im Englischen verfügen und Ihr Ausdrucksvermögen im mündlichen Kontakt verbessern möchten.

Sie wissen aus Erfahrung, dass Sie mit vielfältigen Gesprächskontakten und Gesprächssituationen konfrontiert werden, die erhöhte Anforderungen an das Sprechvermögen stellen. Zu erwähnen wäre z.b. das Zusammentreffen mit einem Englisch sprechenden Gast, Geschäftskontakte, der Kontakt mit Personen, deren Muttersprache nicht Englisch ist. Sie möchten die nötige Sicherheit erwerben, diese Gesprächskonstellationen im direkten Kontakt und am Telefon sprachlich gut zu meistern. Sie möchten Ihre Inhalte sprachlich angemessen formulieren und auf die Äußerungen des Englisch sprechenden Gesprächspartners adäquat reagieren.

Das Anliegen dieses Buchs ist es, Ihnen hierbei eine wirksame Hilfe zu leisten. Es gibt Ihnen zu allen gängigen Gesprächskonstellatio- nen und zu allen wesentlichen Redeabsichten praktisch verwertbare Ausdrücke und Formulierungsmöglichkeiten an die Hand, die Ihren persönlichen Anforderungen entsprechen.

Auch das Telefonieren wird Ihnen keine Schwierigkeiten mehr bereiten. Dieses Buch bietet Ihnen alle für ein Telefonat typischen Wendungen und Formulierungen, die Ihnen beim Telefonieren die nötige Sicherheit vermitteln. In den beigefügten Mustertelefonaten finden Sie zusätzliche Hilfen von praktischem Gebrauchswert.

Die Konzeption dieses Buchs ist lernerorientiert, d.h. die zweispaltige, deutsch-englische Anordnung der Ausdrücke und Formulierungshilfen ist auf das intuitive Vorgehen des Lerners zugeschnitten, der immer vom deutschen Gedanken ausgeht und danach die englischsprachige Entsprechung vorfindet.

Im Englischen werden nur britische idiomatische Wendungen angegeben. Auf ausgesprochene Amerikanismen wird verzichtet. Die gesprochene Form hat Priorität gegenüber der geschriebenen. Deshalb erscheinen viele Verben in apostrophierter Form.

Ich würde mich freuen, wenn Sie durch die Beschäftigung mit diesem Buch eine neue Souveränität im englischen Sprachgebrauch erlangen und Freude am gekonnten Sprechen des Englischen empfinden.

Ihr

Bernhard Stentenbach

Inhalt

1 Allgemeine Gesprächskontakte

Begrüßung
Smalltalk
Gesprächsabfolge
Sich bedanken
Sich entschuldigen
Einladen
Sich verabschieden
Verständigungsschwierigkeiten

2 Konkrete Gesprächskontakte

Bitten – Helfen
Vorschlagen – Raten
Notwendigkeit – Aufforderung – Verbot
Wunsch – Interesse
Absicht – Nachdenken – Versprechen
Freude – Zufriedenheit
Gefallen
Anerkennung – Erstaunen – Glückwunsch
Bedauern – Anteilnahme
Sorge – Unsicherheit – Beruhigung
Kritik – Empörung – Gleichgültigkeit
Meinung – Persönliche Stellungnahme
Argumentation
Kommunikationsschwierigkeiten
Allgemeine Standardformulierungen

3 Gesprächssituationen

In der Stadt

Ortssuche
Hotel
Restaurant
Einkaufen
Post
Bank
Arztsuche

Unterwegs

Bahn
Flugzeug
Mietwagen
Taxi
Bus / U-Bahn

Private Einladung

4 Allgemeine Telefonkontakte

Jemanden anrufen: sagen, wer man ist
Fragen, wer der Gesprächspartner ist
Den Grund des Anrufs nennen
Sagen, wen man sprechen möchte
Der Gesprächspartner ist nicht erreichbar
Eine Nachricht hinterlassen
Um einen Rückruf bitten
Wie man den Gesprächspartner erreichen kann
Eine Nachricht entgegennehmen
Eine Mitteilung auf Richtigkeit überprüfen
Jemanden zurückrufen
Einen Anruf erhalten
Einen Rückruf erhalten.
Verständigungsschwierigkeiten
Sich bedanken, das Telefonat beenden

5 Konkrete Telefonkontakte

Freundlicher Beginn des Telefongesprächs
Sich entschuldigen
Sich verwählen
Telefonat zum unpassenden Zeitpunkt.
Ein privates Telefonat führen
Warteschleife
Ansage des Anrufbeantworters
Internationales Buchstabieralphabet

6 Mustertelefonate

Ein Hotelzimmer buchen
Ein Ferienhaus mieten
Einen Flug buchen
Ein Auto mieten
Ein Treffen vereinbaren
Lieferprobleme
Eine Rechnung reklamieren
Anruf wegen eines Arzttermins
Ein privates Telefongespräch
Auf den Anrufbeantworter sprechen

1

Allgemeine Gesprächskontakte

Begrüßung
Smalltalk
Gesprächsabfolge
Sich bedanken
Sich entschuldigen
Einladen
Sich verabschieden
Verständigungsschwierigkeiten

Begrüßung

Guten Tag. Wie geht es Ihnen?	**Hello. How are you?**
– Mir geht es sehr gut. Und Ihnen?	**– I'm very well. And you?**
Es geht so.	**Not bad.**
Mir geht es gut.	**I'm well.**
Ausgezeichnet.	**Very well indeed.**
Es könnte besser sein.	**Could be better.**

Ich freue mich sehr, dass ich Sie auch einmal persönlich treffe.	**I'm very pleased to meet you in person at last.**
– Ich auch. Wir haben ja schon mehrfach miteinander telefoniert.	**– Me too. We've already spoken to each other several times on the phone.**

Das ist aber ein Zufall! Ich freue mich, dass wir uns mal wieder treffen.	**Well, what a coincidence! It's nice to see you again.**
Wir haben uns schon lange nicht mehr gesehen.	**We haven't seen each other in quite a while.**
– Ja. Ich glaube, das letzte Mal, das war vor zwei Jahren.	**– Yes. I think the last time was two years ago.**

Darf ich Ihnen Christian / Brigitte vorstellen?	**May I introduce you to Christian / Brigitte?**
– Es freut mich, Sie kennen zu lernen.	**– I'm very pleased to meet you.**
Ich freue mich auch.	**I'm very pleased too.**

Seien Sie herzlich willkommen.	**You are very welcome here.**
– Ich freue mich, dass ich hier bin.	**– I'm very pleased to be here.**

Hatten Sie eine gute Reise?	**Did you have a pleasant journey?**
– Ja, alles ist gut verlaufen.	**– Yes, it went very well.**

Smalltalk

Herkunft

Woher kommen Sie?	**Where do you come from?**
– Ich komme aus Celle.	**– I come from Celle.**
Das ist in der Nähe von Hannover.	**It's near Hannover.**
Das ist im Raum Hannover.	**It's in the Hannover area.**

Aufenthalt

Sind Sie schon lange hier?	**Have you been here long?**
– Seit drei Tagen.	**– Three days.**
Sind Sie in Ferien hier?	**Are you here on holiday?**
– Nein. Ich arbeite hier.	**– No. I work here.**
– Nein, ich mache hier ein Praktikum.	**– No, I'm here on a work placement.**
Bleiben Sie lange hier?	**Will you be staying here long?**
– Bis Samstag.	**– Until Saturday.**

Sind Sie zum ersten Mal in England?	**Is this your first visit to England?**
– Nein. Ich war schon mehrere Male in England.	**– No, I've been to England several times before.**
Kennen Sie London?	**Do you know London?**
– Ja, ich bin schon drei Mal da gewesen.	**– Yes, I've been there three times before.**

– Ja, etwas. Ich war vor zwei Jahren da.	– **Yes, a bit. I was there two years ago.**
– Ja, ich war letztes Jahr da.	– **Yes, I was there last year.**

Sind Sie gut untergebracht?	**What's your accommodation like?**
– Ich wohne im Hotel.	– **I'm staying in a hotel.**
– Ich wohne bei Freunden.	– **I'm staying with friends.**
– Ich habe mir eine Wohnung gemietet. Das ist besser als im Hotel zu wohnen.	– **I'm renting a flat. It's better than staying in a hotel.**

Wie gefällt es Ihnen hier?	**How do you like it here?**
– Sehr gut. Es ist sehr schön hier.	– **It's really good. It's very beautiful here.**
Haben Sie sich hier schon eingelebt?	**Have you managed to settle in all right?**
– Ja, etwas. Hier ist doch vieles anders als bei uns.	– **Yes, to some extent. But a lot of things are quite different to where I come from.**

Haben Sie sich die Stadt schon etwas angeschaut?	**Have you had a look around the town yet?**
– Nein, leider noch nicht. Aber ich hoffe, dass ich bald die Zeit habe, mich hier umzusehen.	– **No, not yet, unfortunately. But I hope that I'll have the time to look around the place soon.**
– Ja, ich war schon im Schloss. Das ist sehr eindrucksvoll.	– **Yes, I've been to the castle. It's very impressive.**

Wetter

Schönes Wetter heute.	**What lovely weather we're having today.**
– Ja, es ist tolles Wetter. Bei so einem Wetter macht die Arbeit Spaß.	**– Yes, it's really lovely. When the weather's like this, work is a pleasure.**
– Ja das stimmt.	**– Yes, that's right.**

Scheußliches Wetter heute.	**What terrible weather we're having today.**
– Das kann man wohl sagen.	**– You can say that again.**
– Ja, es ist furchtbar.	**– Yes, it's awful.**

Es sieht aus, als wollte es regnen.	**It looks as though it might rain.**
– Das geht schnell vorbei.	**– It won't last long.**
Es regnet jetzt schon drei Tage.	**It's been raining for the last three days.**
Ist das Wetter hier immer so?	**Is the weather always like this here?**
– Nein, das ist eine Ausnahme. Das bleibt nicht so. Morgen soll es besser werden.	**– No, this is quite exceptional. It can't last. It's supposed to get better tomorrow.**
Hoffentlich.	**Let's hope so.**

Ist das Wetter in Deutschland auch so schlecht?	**Is the weather this bad in Germany?**
– Ja. In der letzten Zeit gab es eine Menge Unwetter und Überschwemmungen.	**– Yes. We've been having lots of storms and flooding recently.**

Gesprächsabfolge

Jemanden ansprechen

Entschuldigen Sie. Darf ich Sie
etwas fragen?
– Ja, sicher.

**Excuse me. May I ask you
a question?
– Yes, certainly.**

Entschuldigen Sie. Kann ich Sie
einmal kurz sprechen?
– Ja, bitte.

**Excuse me. Can I talk to you
for a moment?
– Yes, please do.**

Entschuldigung. Hätten Sie
kurz Zeit?
– Ja, natürlich. Worum geht
es?
Es geht um unsere Besprechung
heute Nachmittag.
Ich habe da eine Frage.

**Excuse me. Have you got
a moment?
– Yes, of course. What's it
about?
It's about our meeting this
afternoon.
I have a question.**

Haben Sie noch einen Moment
Zeit? Ich möchte gerne
noch etwas mit Ihnen
besprechen.
Es dauert nicht lange.
– Ja, natürlich.
– Nein. Es tut mir Leid.
Es geht jetzt nicht.

**Have you still got a moment?
There's something else
I'd like to discuss with you.**

**It won't take long.
– Yes, of course.
– No, I'm sorry.
It's not convenient now.**

Ich hoffe, ich störe nicht.

**I hope I'm not disturbing
you.**

– Nein, überhaupt nicht.

– No, not at all.

Entschuldigen Sie die Störung.
Ich habe ein kleines Problem.
– Ja, gerne, wenn ich Ihnen
helfen kann.

**I'm sorry to disturb you.
I've got a small problem.
– I'll be pleased to help
if I can.**

Entschuldigen Sie. Ich möchte gerne Herrn/Frau Ramsey sprechen. Ist er/sie da?	**Excuse me. I'd like to speak to Mr/Ms Ramsey.**
	Is he/she there?
– Ja, einen Moment bitte Ich rufe ihn/sie.	**– Yes, one moment please.**
	I'll give him/her a call.

Jemanden unterbrechen

Entschuldigen Sie, wenn ich Sie unterbreche, aber ...	**Pardon me for interrupting but ...**
Es tut mir Leid, dass ich Sie unterbreche, aber ...	**Sorry to interrupt but ...**

Das Thema wechseln

Es ist besser, wir reden über etwas anderes.	**I think it would be better if we talked about something else.**
Das hat nichts mit dem Thema zu tun.	**That has nothing to do with what we are discussing.**

Ein Gespräch für kurze Zeit verlassen

Entschuldigen Sie mich einen Moment. Ich bin gleich wieder zurück.	**Excuse me for one moment. I'll be right back.**

Ein Gespräch beenden

Ich will Sie nicht länger aufhalten. Wir können ein anderes Mal darüber sprechen.	**I don't want to keep you any longer. We can talk about it another time.**

Ich möchte Sie wirklich nicht von der Arbeit abhalten.	**I really don't want to keep you from your work.**

Ich will Sie jetzt nicht länger stören. Sie haben sicher noch etwas anderes zu tun.	**I don't want to trouble you any further. I'm sure you have other things to do.**
Entschuldigung. Es tut mir Leid. Ich muss jetzt leider gehen. Ich habe noch eine Verabredung.	**Excuse me. I am sorry. I have to leave now. I've got another appointment.**

Sich bedanken

Vielen Dank.	**Thank you very much.**
– Bitte.	**– Don't mention it.**
Vielen Dank. Das ist sehr nett.	**Thank you very much. That is very kind.**
– Keine Ursache.	**– It's no trouble at all.**
– Schon gut.	**– Don't worry about it.**

Vielen Dank für Ihre Hilfe.	**Many thanks for your help.**
– Keine Ursache.	**– That's all right.**
Ich danke Ihnen vielmals für Ihre Auskunft.	**Thank you so much for the information.**
– Gern geschehen.	**– You're very welcome.**

Ich möchte mich auch ganz herzlich bei Ihnen für alles bedanken.	**I should also like to thank you most sincerely for everything you've done.**
– Nichts zu danken.	**– It was a pleasure.**
– Gern geschehen.	**– You're very welcome.**

Sich entschuldigen

Entschuldigung. / Verzeihung.	**Excuse me./ I do beg your pardon.**
– Das macht nichts.	**– It doesn't matter.**
– Das ist nicht schlimm.	**– No harm done.**
Entschuldigen Sie, dass ich mich etwas verspäte.	**Please excuse me for being a bit late.**
Es tut mir Leid, aber ich konnte nicht früher kommen.	**I'm sorry but I couldn't get here any sooner.**
Entschuldigen Sie. Ich habe ganz vergessen, Sie anzurufen.	**I'm sorry. I completely forgot to ring you.**

Es tut mir Leid, das ist mein Fehler.	**I'm sorry. That's my mistake.**
– Sie brauchen sich nicht zu entschuldigen.	**– No need to apologise.**
Oh, ich habe mich vertan. Entschuldigen Sie. Ich habe Ihnen eine falsche Nummer gegeben.	**Oh, I've made a mistake. Sorry, I've given you the wrong number.**
– Das macht nichts.	**– It doesn't matter.**

Verzeihung. / Ich bitte Sie um Entschuldigung. Das war keine Absicht.	**I do beg your pardon. / Excuse me. It was an accident.**
Ich möchte mich bei Ihnen entschuldigen. Es ist mir sehr unangenehm, dass ich Sie nicht informiert habe.	**Please excuse me. I feel very bad about not having informed you.**

Einladen

Haben Sie heute Abend schon etwas vor?
Have you got anything planned for this evening?
– Warum fragen Sie?
– Why do you ask?
Wir könnten gemeinsam zu Abend essen. Ich kenne ein nettes Restaurant.
We could have dinner together. I know a nice restaurant.
– Ja, gerne.
– Yes, I'd like that.

Was machen Sie heute Abend?
What are you doing this evening?

– Nichts Besonderes. Warum fragen Sie?
– Nothing in particular. Why do you ask?
Wir könnten gemeinsam zu Abend essen.
We could have dinner together.
– Ich weiß noch nicht, ob ich Zeit habe.
– I don't know if I've got the time.
– Das geht leider nicht.
– That won't be possible.
– Es tut mir Leid, aber ich kann nicht.
– Sorry, but I can't.
– Ich habe keine Zeit. Ich muss morgen ziemlich früh aufstehen.
– I haven't got time. I have to get up fairly early in the morning.

Kommen Sie mit, einen Kaffee trinken? Ich lade Sie ein.
Would you like to go for a cup of coffee? It's my treat.
– Das ist eine gute Idee.
– That's a good idea.
– Ja, wenn Sie wollen.
– Yes, if you like.

Ich würde mich freuen, wenn Sie mich einmal besuchen würden.
I'd be delighted if you would come and visit me some time.

– Vielen Dank für Ihre Einladung. Das mache ich, wenn ich nicht mehr so in Druck bin.

– Thank you very much for the invitation. I'll take you up on it when I am no longer so busy.

Wir können uns heute Abend treffen, wenn es Ihnen passt.
– Ja, gerne.

We could meet this evening if that's convenient for you.
– Yes, that would be nice.

Und wann sollen wir uns treffen? Um 8 Uhr? Ginge das bei Ihnen?
– Ja, das passt mir sehr gut.

And when shall we meet? Eight o'clock? Would that be possible for you?
– Yes, that suits me fine.

Und wo sollen wir uns treffen? Vor dem Theater? Wissen Sie, wo das ist? ... Nun, dann will ich es Ihnen erklären. ...
– Gut. Also dann bis heute Abend, um 8 Uhr, vor dem Theater.

And where shall we meet? In front of the theatre? Do you know where that is? ... Right, I'll tell you how to get there. ...
– All right then. Until 8 o'clock this evening in front of the theatre.

Soll ich Sie abholen?
– Ja, gerne.

Shall I call round for you.
– Yes, if you would.

Ich kann Sie mit dem Auto abholen, wenn Sie wollen.
– Das ist sehr nett.
– Nein, danke, das ist nicht nötig. Ich fahre mit dem Bus.

I can pick you up in my car, if you like.
– That's very kind of you.
– No, thanks. It's not necessary. I'll take the bus.

Sich verabschieden

Allgemeine Äußerungen

Nun denn, auf Wiedersehen.
– Auf Wiedersehen. Bis bald.

Well, goodbye then.
– Goodbye. See you soon.

Auf Wiedersehen. Schönen
  Tag noch.
– Danke, Ihnen auch.

Goodbye. Enjoy the rest
  of your day.
– Thanks. The same to you.

Auf Wiedersehen. Alles Gute.
– Das wünsche ich Ihnen auch.

Goodbye. All the best.
– The same to you.

Auf Wiedersehen. Ich wünsche
  Ihnen eine gute Zeit.

Goodbye. I hope you have
  a good time.

Oh, es ist schon 10 Uhr.
  Ich muss jetzt gehen.

Oh, it's 10 o'clock already.
  I've got to go now.

Es tut mir Leid, aber ich muss
  jetzt gehen.

Sorry, but I've got to go now.

Entschuldigen Sie, aber ich
  muss jetzt gehen.
Ich habe noch etwas vor.

Excuse me but I've got to go
  now.
I've got something else
  to do.

Ich habe noch einen Termin.

I've got another
  appointment.

Ich habe es eilig. Mein Bus
  fährt in 10 Minuten.
Ich rufe Sie morgen früh an.

I'm in a hurry. My bus
  leaves in 10 minutes.
I'll ring you tomorrow
  morning.

Oh, es ist schon spät. Ich muss
  gehen. Vielen Dank für den
  netten Abend.

Oh, it's quite late. I've got
  to go. Thank you for
  a pleasant evening.

– Ich hoffe, es hat Ihnen gefallen.	– I hope you enjoyed it.
Ja, sehr. Ich habe mich sehr gefreut, Sie kennen zu lernen.	**Yes, very much. I was very pleased to make your acquaintance.**

Vielleicht sehen wir uns mal wieder. Es war sehr nett, dass ich Sie getroffen habe.	**Perhaps we'll meet again. It was very nice to meet you.**
– Ganz meinerseits.	**– The pleasure was all mine.**

Abschiedsformeln mit Zeitangabe

Auf Wiedersehen.	**Goodbye.**
Bis bald.	**See you soon.**
Bis gleich.	**See you in a minute.**
Bis später.	**See you later.**

Bis heute Abend.	**Until this evening.**
Bis morgen.	**Until tomorrow.**
Bis Samstag.	**Until Saturday.**
Bis nächste Woche.	**Until next week.**

Wunsch

Schönen Tag noch.	**Enjoy the rest of your day.**
Schönen Abend.	**Have a pleasant evening.**
Schönes Wochenende.	**Have a nice weekend.**

Ich wünsche Ihnen eine gute Zeit.	**I hope you have a nice time.**
– Danke, gleichfalls.	**– Thanks. And the same to you.**
Viel Glück!	**Good luck!**
Viel Erfolg!	**I hope you're successful!**
Alles Gute!	**All the best!**

Viel Spaß!	**Have fun!**
– Danke.	**– Thanks.**

Gute Reise.	**Have a good journey.**
Gute Fahrt.	**Have a good trip.**
Schöne Ferien.	**Have a pleasant holiday.**
Schönen Aufenthalt.	**Enjoy your stay.**
Gute Heimreise.	**Safe journey home.**
Kommen Sie gut nach Hause.	**Hope you get back all right.**
Passen Sie gut auf sich auf!	**Take care of yourself!**

Verständigungsschwierigkeiten

Wie bitte? Ich habe nicht verstanden.	**Pardon? I didn't understand that.**
Tut mir Leid, ich verstehe nicht.	**Sorry, I don't understand.**

Können Sie das bitte noch einmal wiederholen?	**Could you please repeat that again?**

Könnten Sie bitte etwas langsamer sprechen?	**Could you please speak a little more slowly?**
... Ja, jetzt verstehe ich.	**... Yes, now I understand.**

Entschuldigen Sie. Könnten Sie bitte etwas lauter sprechen?	**Excuse me. Could you please speak a bit louder?**
Ich kann nichts verstehen.	**I can't understand anything.**
Ich höre nichts. Es ist zu laut.	**I can't hear anything. There's too much noise.**

Das habe ich nicht verstanden. Könnten Sie mir das bitte noch einmal erklären?	**I didn't understand what you said. Could you explain that to me again, please?**

DLBF, was heißt das?	**What does DLBF mean?**
Wie wird das geschrieben?	**How do you spell that?**
Könnten Sie mir das auf ein Stück Papier schreiben?	**Could you write it on a piece of paper for me?**
Können Sie das bitte buchstabieren?	**Could you please spell that?**
Und wie spricht man das aus?	**And how do you pronounce that?**

Sprechen Sie Englisch / Deutsch /Französisch?	**Do you speak English / German / French?**
– Etwas.	**– A little bit.**
– Nicht besonders.	**– Not particularly well.**
– Ich spreche nicht gut Englisch.	**– I don't speak English well.**
– Mein Englisch ist nicht sehr gut.	**– My English is not very good.**

2

Konkrete Gesprächskontakte

Bitten – Helfen
Vorschlagen – Raten
Auf eine Notwendigkeit hinweisen
Wunsch – Interesse
Absicht – Nachdenken – Versprechen
Freude – Zufriedenheit
Gefallen
Anerkennung – Erstaunen – Glückwunsch
Bedauern – Anteilnahme
Sorge – Unsicherheit – Beruhigung
Kritik – Empörung – Gleichgültigkeit
Meinung – Persönliche Stellungnahme
Argumentation
Kommunikationsschwierigkeiten
Allgemeine Standardformulierungen

Bitten – Helfen

Bitten

Allgemeine Bitten

Könnten Sie bitte … ?	**Could you please … ?**
Können Sie …?	**Can you please … ?**
Würden Sie bitte … ?	**Would you please … ?**

Können Sie mir bitte helfen?	**Can you help me, please?**
Könnten Sie mir bitte helfen?	**Could you help me, please?**
– Moment, ich komme sofort.	**– One moment. I'll be with you right away.**

Könnten Sie mir mal bitte helfen, den Koffer ins Gepäcknetz zu heben?	**Could you help me put this case in the luggage-rack, please?**

Könnten Sie mir einen Gefallen tun?	**Could you do me a favour?**
Ich habe eine kleine Bitte.	**I have a small request.**
Könnten Sie vielleicht einen Moment auf meine Sachen aufpassen?	**Could you perhaps look after my things for a moment?**

Wäre es wohl möglich, dass Sie einmal diesen Text durchlesen?	**Would it be possible for you to read through this text?**
Es eilt.	**It can't wait.**
Es ist dringend.	**It's urgent.**
Aber es eilt nicht.	**But there's no hurry.**
Ich wäre Ihnen sehr dankbar, wenn Sie… könnten.	**I'd be very grateful if you could …**

Ich wäre Ihnen sehr dankbar, wenn Sie mir Ihre Adresse geben könnten.
– Aber natürlich.

I'd be very grateful if you could give me your address.
– Yes, certainly.

Mir wäre es lieber, wenn Sie ... könnten/würden.
Mir wäre es lieber, wenn Sie mich abholen könnten/würden.
– Das mache ich gerne.
– Kein Problem.

I'd prefer it if you could/ would ...
I'd prefer it if you could/ would collect me.
– I'd be pleased to.
– No problem.

Um Erlaubnis bitten

Darf ich ...? / Kann ich ...?
Darf ich das Fenster etwas öffnen?

May I ...? / Can I ...?
Is it all right if I slightly open the window?

Darf ich mal sehen?

Can I have a look?

Kann ich das Buch bis morgen behalten?
– Ja klar, es eilt nicht.

Can I keep the book until tomorrow?
– Of course. There's no hurry.

Stört es Sie, wenn ich rauche?

Do you mind if I smoke?

Würde es Ihnen etwas ausmachen, wenn ich das Fenster öffne?
– Nein, das macht mir nichts aus.
Könnte ich mal bitte vorbei?

Would you mind if I opened the window?
– No, I don't mind at all.
Could I get through, please?

Sie gestatten? / Darf ich mich zu Ihnen setzen?
– Ja, bitte.

May I join you? / Do you mind if I sit here?
– Please do.

Bitte um Hilfe bei einem Problem

Ich habe ein kleines Problem. Ich weiß nicht, wie ich an einen Parkschein komme.	**I have a small problem. How and where do I buy a parking ticket?**

Ich komme damit nicht klar. Können Sie mir helfen?	**I'm having trouble with this. Can you help me?**
Können Sie mir erklären, wie das funktioniert?	**Can you tell me how this works?**
Ich verstehe nichts davon.	**I don't understand this at all.**
Ich habe keine Ahnung, wie das geht.	**I've got no idea how this works.**

Dieser Apparat funktioniert nicht. Ich habe £1 eingeworfen, aber es ist kein Parkschein herausgekommen.	**This machine doesn't work. I've put a pound coin in but it hasn't given me a ticket.**
– Warten Sie mal, ich schaue mal nach. Das ist kaputt. Da kann man nichts machen.	**– Wait a moment. I'll have a look. It's broken. There's nothing we can do.**

Helfen

Kann ich Ihnen helfen?	**Can I help you?**
– Das ist sehr nett. Danke.	**– That's very kind. Thank you.**
– Ich danke Ihnen. Das ist sehr nett von Ihnen.	**– Thank you. That's very kind of you.**
– Nein, danke. Es geht schon.	**– No, thanks. I'm all right.**

– Nein, danke. Das ist nicht nötig.

– No, thanks. That won't be necessary.

Soll ich ein Taxi rufen?

Shall I call a taxi?

Kann ich Ihnen einen Koffer abnehmen?

Can I take one of your suitcases?

Möchten Sie meinen Kugelschreiber? Ich brauche ihn im Moment nicht.
– Ah, danke, das ist sehr nett. Ich gebe ihn Ihnen gleich zurück.

Would you like to use my pen? I don't need it at the moment.
– Oh, thanks. That's very kind. I'll let you have it back right away.

Ah, ich muss noch den neuen Drucker anschließen.
– Warten Sie. Ich helfe Ihnen.
– Lassen Sie mich das machen.
– Lassen Sie nur. Ich mach das schon.
– Ich würde Ihnen sehr gerne helfen, aber ich weiß nicht wie.
– Ich will es Ihnen erklären, wie das geht.
Nicht nötig, ich komme damit schon klar.

Oh, I've got to set up the new printer.
– Wait. I'll help you.
– Let me do that.
– Just leave it. I'll do it.
– I'd like to help you but I don't know how.
– I'll tell you how to do it.
Don't worry. I'm managing fine.

Wenn Sie wollen, kann ich Sie zur Bushaltestelle begleiten.
– Ja, wenn es Ihnen nichts ausmacht.

I can go with you to the bus-stop if you like.
– Yes, if it's not too much trouble for you.

Ich fahre in die Stadt. Kann ich Sie mitnehmen?

I'm going into town. Can I offer you a lift?

Wollen Sie mitfahren?	**Would you like a lift?**
– Ja, gerne, wenn es Ihnen keine Umstände macht.	**– Yes, if it's not out of your way.**
– In welche Richtung fahren Sie?	**– What way are you going?**
Richtung „Bahnhof".	**To the station.**
– Sie können mich vor dem Kino absetzen.	**– You could drop me off in front of the cinema.**

Vorschlagen – Raten

Vorschlagen

Wann sollen wir unser neues Projekt beginnen?	**When shall we make a start on our new project?**
Was schlagen Sie vor?	**What do you suggest?**

Wir könnten unser Projekt in den Medien darstellen.	**We could publicise our project in the media.**
– Das ist gar keine schlechte Idee.	**– That's not a bad idea.**
– Ja, einverstanden.	**– Yes, I agree.**
– Das bringt mich auf einen Gedanken. Wir könnten es ins Internet stellen.	**– That gives me an idea. We could put it on the Internet.**

Was halten Sie davon, wenn wir für heute Abend noch eine Besprechung ansetzen würden?	**What do you think about us arranging a meeting for this evening?**
– Ja, wenn Sie meinen.	**– Yes, if you think so.**
– Das ist mir gleich.	**– I don't mind.**
– Ich habe nichts dagegen.	**– I've got no objection.**
– Ich weiß nicht. Ich habe keine große Lust.	**– I don't know. I'm not all that keen.**

– Ah, nein, nicht heute. Wir
können das morgen machen.

– **Oh no, not today. We can
do that tomorrow.**

Sind Sie einverstanden, wenn wir
...?

**Is it all right with you
if we...?**

Sind Sie einverstanden, wenn wir
uns morgen noch einmal
treffen?

**Is it all right with you
if we meet again
tomorrow?**

– Ich würde den Termin lieber auf
später verschieben.
Was meinen Sie?

– **I'd rather postpone the
meeting until later.
What do you think?**

Raten

Jemanden um Rat fragen

Ich brauche Ihren Rat.
Können Sie mir einen Rat geben?

**I need your advice.
Can you give me some
advice?**

– Ja. Worum geht's denn?

– **Yes, what's it about,
then?**

Man hat mir den Wagen
aufgebrochen. Meine ganzen
Papiere sind weg.
Was soll ich tun, Ihrer Meinung
nach?

**My car's been broken into.
All my documents have
been taken.
What should I do,
in your opinion?**

– Das Beste ist, Sie rufen die
Polizei.

– **The best thing would be
to call the police.**

– Rufen Sie sofort die Polizei.
Das ist besser so.

– **I think you'd better ring
the police straight away.**

Meine Aktien sind um 50 % gefallen. Ich weiß nicht, was ich tun soll. Soll ich die Aktien behalten?	**My shares have dropped by 50%. I don't know what to do. Should I keep the shares?**
– Ich an Ihrer Stelle würde die Aktien verkaufen.	**– In your place, I would sell the shares.**
– In so einer Situation würde ich die Aktien verkaufen. Man kann nie wissen.	**– In these circumstances I would sell the shares. You never know.**

Jemandem einen Rat geben

Wenn ich Ihnen einen Rat geben darf: sprechen Sie noch mal mit ihm/ihr.	**If I might give you a piece of advice: talk to him/her again.**

Sie sollten vielleicht noch mal mit ihm/ihr sprechen. Ich würde ihn/sie auf alle Fälle informieren.	**Perhaps you should talk to him/her again. I would inform him/her in any case.**

Ich an Ihrer Stelle würde Aktien kaufen. Das lohnt sich.	**In your place, I would buy shares. It's worthwhile.**

Es wäre vielleicht gar nicht so schlecht, wenn Sie Aktien kaufen würden.	**Maybe it would not be a bad idea if you were to buy some shares.**

Von etwas abraten

Das lohnt sich nicht, dahin zu gehen.	**It's not worth going there.**
Ich würde auf keinen Fall dahin gehen.	**I wouldn't go there in any circumstances.**

Ich würde es für keine gute Idee halten, es ihm/ihr zu sagen.	I don't think it would be a good idea to tell him/her.

Man müsste noch einmal mit ihm reden. Vielleicht lässt er sich überzeugen.	Someone should talk to him again. Perhaps he can be persuaded.
– Das ist umsonst.	– There's no point.
– Das ist zwecklos.	– It's pointless.

Das hat überhaupt keinen Zweck/Sinn, dass ...	There's absolutely no point/ sense in ...
Das hat überhaupt keinen Zweck, dass wir noch mal mit ihm reden.	There's absolutely no point in talking to him again.

Das führt zu nichts, wenn ...	We won't get anywhere if ...
Das führt zu nichts, wenn wir noch mal mit ihm reden.	We won't get anywhere if we talk to him again.

Notwendigkeit – Aufforderung – Verbot

Notwendigkeit

Es tut mir Leid, aber ich muss jetzt gehen. Ich habe noch viel zu tun.	I'm sorry but I have to go now. I've got a lot to do.
Wir müssen uns beeilen, sonst verpassen wir den Zug.	We must hurry or we'll miss the train.
Ich muss noch jemanden anrufen.	I have to ring someone first.

Sie brauchen nicht zu kommen.	**You don't need to come.**
Es ist nicht nötig, dass Sie kommen.	**It's not necessary for you to come.**

Aufforderung

Ich glaube, wir sollten jetzt lieber essen gehen, sonst bekommen wir keinen Platz mehr.	**I think we'd better go for our meal now, otherwise we won't find anywhere to sit.**

Ehe ich's vergesse: wir sollten noch einmal über unser neues Projekt sprechen.	**Before I forget: we ought to have another talk about our new project.**
– Wenn das unbedingt sein muss.	**– If you really insist.**
Ja, das eilt.	**Yes, it can't wait.**
Ja, das ist dringend.	**Yes, it's urgent.**

Könnten Sie ihm sagen, er soll mich sofort anrufen.	**Could you tell him he's to ring me immediately.**
– Ja.	**– Yes.**

Denken Sie daran, Ihre Unterlagen mitzubringen.	**Remember to bring all the relevant files with you.**
– Ah, das hätte ich fast vergessen.	**– Oh, I almost forgot.**

Vorsicht, Stufe!	**Mind the step!**
Vorsicht, da kommt ein Auto!	**Look out! There's a car coming.**
Passen Sie auf! Es ist Glatteis.	**Mind you don't slip on the ice!**

Notwendigkeit ... – Wunsch ... **2**

Fahren Sie nicht zu schnell.
Es ist neblig.

Don't drive too fast.
It's foggy.

Passen Sie gut auf sich auf!

Take good care
of yourself!

Verbot

Sie dürfen hier nicht rauchen.

You're not allowed
to smoke here.

– Vielen Dank, dass Sie mir
das sagen.

– Thank you for telling
me.

Sie dürfen hier nicht
fotografieren.
– Oh, entschuldigen Sie. Das
wusste ich nicht.

You're not allowed to take
photographs here.
– Oh, excuse me. I didn't
know that.

Wunsch – Interesse

Wunsch

Ich möchte gern Frau Brown
sprechen.

I'd like to speak to
Mrs. Brown.

Ich würde gern etwas essen.

I'd like to have something
to eat.

Ich hätte gern eine Auskunft.

I'd like to have some
information.

Ich würde lieber nach Hause
gehen.

I'd rather go home.

33

Es wäre gut, wenn Sie morgen kommen könnten.	**It would be good if you could come tomorrow.**

Interesse

Das ist sehr interessant.	**That's very interesting.**
Ich finde das sehr interessant.	**I find that very interesting.**
– Na ja.	**– Well.**

Ich interessiere mich sehr für Informatik.	**I'm very interested in IT (Information Technology).**
– Ich auch.	**– Me too.**

Boxen interessiert mich nicht besonders.	**Boxing doesn't really interest me.**
– Mich auch nicht.	**– Nor me.**

Wollen Sie wissen, wie ich das gemacht habe?	**Do you want to know how I did that?**
– Ja, das würde mich sehr interessieren.	**– Yes, I'd be very interested.**

Es würde mich sehr interessieren, wie …	**I'd be very interested to know how …**
Es würde mich sehr interessieren, wie Sie das gemacht haben.	**I'd be very interested to know how you did that.**
– Das kann ich Ihnen erklären.	**– I can explain it to you.**

Absicht – Nachdenken – Versprechen

Absicht

Ich habe vor, für ein Jahr in die USA zu gehen.
– Das ist sehr gut, um seinen Horizont zu erweitern.

I'm planning to go to the USA for a year.
– That's an excellent way of expanding your horizons.

Ich werde auf jeden Fall diese Arbeit zu Ende führen.

– Da haben Sie Recht. Das würde ich in Ihrer Situation auch machen.

In any case, I'll see this job through to its conclusion.
– You're right. I would do the same in your position.

Ich habe es mir anders überlegt. Ich werde an dieser Sache nicht mitarbeiten.
– Das würde ich in Ihrer Situation auch nicht machen.

I've changed my mind. I'm not prepared to take part in this.
– I wouldn't either if I were in your place.

Unter diesen Bedingungen bin ich nicht bereit, mehr Zeit in diese Sache zu stecken.

Under these conditions I am no longer prepared to spend any more time on this.

Unter anderen Bedingungen wäre ich dazu bereit.

– Das verstehe ich gut.

I might be prepared to do so under different conditions.
– I can understand that.

Nachdenken

Machen Sie mit bei diesem Projekt? – Ich weiß noch nicht. Darüber muss ich erst noch nachdenken.	Will you be involved in this project? – I don't know yet. I'll have to think about it first.

Ich habe mir die Sache überlegt. Ich bin einverstanden, dass wir das Projekt gemeinsam durchführen.

I've thought the matter over. I'm in agreement with us taking on the project together.

Ich habe mich noch nicht entschieden. Ich muss erst noch die Vor- und Nachteile gegeneinander abwägen.

I haven't decided yet. I need to weigh up the pros and cons first.

Versprechen

Ich werde daran denken.
– Ja, gut.

I'll think about it.
– All right, then.

Ich werde Sie morgen früh anrufen. Sie können sich auf mich verlassen.
– Gut!

I'll ring you tomorrow morning. You can rely on me.
– Good!

Ich werde Ihnen bei Ihrer Arbeit helfen. Das verspreche ich Ihnen.

I'll help you with your work. I promise.

Freude – Zufriedenheit

Ich würde mich sehr freuen, wenn...	**I'd be very pleased if ...**
Es würde mich sehr freuen, wenn Sie mich einmal besuchen würden.	**I'd be very pleased if you would visit me some time.**
– Ja, gerne.	**– Yes, I'd be delighted to.**

Ich bin froh, dass ...	**I'm glad that ...**
Ich bin froh, dass wir eine gute Lösung gefunden haben.	**I'm glad that we found a good solution.**
– Dann hat sich die Mühe wenigstens gelohnt.	**– At least it was worth all the trouble, then.**

Ich freue mich, wenn wir uns wiedersehen.	**I'm looking forward to our next meeting.**
– Ich freue mich auch auf meinen Besuch bei Ihnen.	**– I'm looking forward to visiting you as well.**

Sie hat eine gute Arbeitsstelle gefunden.	**She's found a good job.**
– Das freut mich aber.	**– Oh, I'm so pleased.**
Vielen Dank für Ihr Geschenk. Ich habe mich sehr darüber gefreut.	**Many thanks for your gift. I was very pleased with it.**
Ich kann mich nicht beklagen. Ich habe Glück gehabt.	**I can't complain. I was lucky.**

Schön, dass Sie da sind.	**How nice that you are here.**
Schön, dass Sie gekommen sind.	**How nice of you to come.**

Gefallen

Gefällt Ihnen diese Musik?	**Is this music to your taste?**
Mögen Sie diese Musik?	**Do you like this music?**
– Ja, sehr.	**– Yes, very much.**
– Och, nicht besonders.	**– Well, not really.**
– Nein, überhaupt nicht.	**– No, not at all.**
Essen Sie gerne Fisch?	**Do you like fish?**
Trinken Sie gerne Wein?	**Do you like wine?**
Ich fahre gerne schnell *(Auto)*.	**I like driving fast.**
Ich fahre nicht gerne nachts.	**I don't like driving at night.**
Ich mag nicht, wenn …	**I don't like it when …**
Ich mag nicht, wenn man zu spät kommt.	**I don't like it when people arrive late.**
Wie finden Sie das?	**What do you think of that?**
– Das ist schön.	**– It's nice.**
– Das gefällt mir sehr.	**– I like it a lot.**
– Das gefällt mir nicht besonders.	**– I don't like it much.**
– Das gefällt mir überhaupt nicht.	**– I don't like it at all.**
Hat Ihnen der Film gestern Abend gefallen?	**Did you like the film yesterday evening?**
– Ja, er hat mir gut gefallen.	**– Yes, I liked it a lot.**
– Er hat mir gar nicht gefallen.	**– I didn't like it at all.**
– Nein, ich war sehr enttäuscht.	**– No, I was very disappointed.**

Anerkennung – Erstaunen – Glückwunsch

Anerkennung

Ich finde das sehr gut so.	**I like it just like that.**
So wie es ist, ist es sehr gut.	**It's very good the way it is.**

Das haben Sie gut gemacht.	**You did that well.**
Sie haben das wirklich gut gemacht, das muss man sagen.	**I've got to say, you did that really well.**

Das ist keine schlechte Arbeit.	**That's not a bad piece of work.**
Das ist gar nicht so schlecht.	**That's not at all bad.**
Das hat er/sie gar nicht so schlecht gemacht.	**He didn't do that at all badly.**
Auf diese Idee wäre ich gar nicht gekommen.	**That would never have occurred to me.**

Erstaunen

Erstaunlich!	**Amazing!**
Das hätte ich nicht gedacht.	**I'd never have thought.**
Das ist kaum zu glauben, wie er/sie das geschafft hat.	**It's incredible how he/she managed to do that.**
Ich war ziemlich überrascht, wie schnell er/sie das gemacht hat.	**I was a bit surprised how quickly he/she did that.**

Glückwunsch

Ich gratuliere.	**Congratulations!**
Herzlichen Glückwunsch!	**My sincere congratulations!**
Herzlichen Glückwunsch zum Geburtstag.	**Happy birthday!**
Ich gratuliere Ihnen zum Geburtstag.	**Congratulations on your birthday!**
Ich gratuliere Ihnen zu Ihrem Erfolg.	**Congratulations on your success!**

Bedauern – Anteilnahme

Es tut mir Leid, aber ich muss jetzt gehen.	**Sorry, but I have to go now.**
– Das ist schade.	**– What a pity.**
– Das ist wirklich schade.	**– Oh, that's a shame.**

Ich kann leider morgen nicht kommen.	**Unfortunately, I can't come tomorrow.**
– Das ist nicht schlimm. Dann nehmen wir einen anderen Termin.	**– It doesn't matter. We'll choose another date, then.**

Man hat mir das ganze Geld gestohlen.	**All my money's been stolen.**
– Das tut mir aber sehr Leid.	**– I'm very sorry to hear that.**

Es tut mir Leid, dass Sie so lange warten mussten.	**I'm sorry that you had to wait so long.**
– Das macht nichts.	**– It doesn't matter.**

Schade, dass er/sie nicht gekommen ist.	**It's a pity that he/she didn't come.**
– Da kann man nichts machen.	**– There's nothing we can do about it.**

Ich möchte nicht in seiner/ihrer Haut stecken.	**I wouldn't like to be in his/her shoes.**

Sorge – Unsicherheit – Beruhigung

Sorge, Beruhigung

Die Dokumente sind immer noch nicht angekommen. Ich mache mir ein bisschen Sorgen.	**The documents still haven't arrived. I'm getting a bit worried.**
Machen Sie sich da keine Sorgen. Es wird schon in Ordnung kommen. Das hat nichts zu bedeuten.	**Don't worry. It'll turn out all right. That doesn't mean a thing.**

Ich mache mir Sorgen um meine Zukunft.	**I'm worried about my future.**
– Warum? Sie haben doch eine gute Stelle.	**– But why? You've got a good job, after all.**

Na endlich! Da sind Sie ja! Ich habe mir schon Sorgen gemacht. Die Hauptsache ist, Sie sind da.	**Ah, there you are at last! I was getting worried. The main thing is that you're here.**

Ich fürchte, es ist zu spät, um ihn/sie noch zu informieren.
– Keine Angst, ich mach das schon. Das ist nicht so schlimm.

I'm afraid it's too late to let him/her know.
– Don't worry. I'll do it. It doesn't really matter.

Unsicherheit, Beruhigung

Ich weiß nicht so recht, wie ich das machen soll.

I'm not really sure how to do that.

Wie soll ich das machen? Ich komme damit nicht klar.
– Das ist nicht so schwer.
– Einen Augenblick, wir wollen mal schauen.

How should I do it? I can't manage.
– It's not so difficult.
– One moment. Let's have a look.

Ich weiß nicht, was ich machen soll. Ich komme hiermit nicht weiter.
– Das wird schon wieder werden. Da bin ich sicher. Davon bin ich fest überzeugt.
– Regen Sie sich nicht auf, es lohnt sich wirklich nicht.

Das wird sich schon geben.

I don't know what to do. I'm not making much progress with this.
– It'll work out in the end. I'm sure of that. I'm quite convinced.
– Don't get worked up about it. It's really not worth it.
It'll work out fine.

Wie soll das bloß weitergehen?

– Nur Mut! Da wird sich schon eine Lösung finden.

What are we supposed to do next?
– Don't lose heart! We'll find a solution, all right.

Ich bezweifle, dass das eine gute Lösung ist.

I doubt whether that is a good solution.

– Ich sehe da keine Probleme. Wir kommen damit schon klar, da bin ich mir sicher.	– **I can't see any problems. I'm quite sure that we can sort this out.**

Hoffentlich geht das gut. – Ja, klar! Warum nicht?	**I hope this turns out well.** – **Yes, of course. Why shouldn't it?**

Kritik – Empörung – Gleichgültigkeit

Kritik

Ich meine, wir sollten unsere Entscheidung noch einmal überdenken.	**I think we should reconsider our decision.**
Ich meine, dieser Plan lässt sich vielleicht noch etwas verbessern.	**I think this plan could be slightly improved.**

Ich mag so ein Verhalten nicht.	**I don't like this sort of behaviour.**
Es ist unmöglich, wie er/sie sich verhält.	**The way he/she behaves is unacceptable.**

Ich finde das nicht in Ordnung, dass er/sie mir nichts sagt. So kann das nicht weiter gehen.	**I don't think it's right for him/her to say nothing to me. It can't go on like this.**

Dass er/sie so etwas macht, das hätte ich nicht von ihm / von ihr gedacht.	**I would never have thought him/her capable of doing such a thing.**

Selbstkritik, Rechtfertigung

Ich mache mir Vorwürfe. Ich hätte ihn/sie anrufen sollen.	**I'm annoyed with myself. I should have rung him/her.**
Das hätte ich nicht machen sollen. Das ist meine Schuld. Das werde ich nicht noch mal tun.	**I shouldn't have done that. It's my fault. I won't do that again.**

Es war nicht gut, dass ich so mit ihm/ihr gesprochen habe. Aber ich konnte nicht anders.	**It wasn't right of me to speak to him/her like that. But I had no choice.**
Das ist nicht meine Schuld. Ich kann nichts dafür.	**It's not my fault. I can't help it.**

Empörung

Es regt mich furchtbar auf, wenn jemand schlampig ist.	**It really annoys me when people are sloppy.**
Ist das laut hier! Das kann man nicht aushalten.	**It's so noisy here! How can anyone put up with this?**
– Regen Sie sich nicht auf! So schlimm ist es auch wieder nicht.	**– Don't get worked up! It's not that bad.**

Gleichgültigkeit

Das ist mir egal.	It's all the same to me.
Es ist mir egal, was er macht. Das interessiert mich nicht.	I don't mind what he does. It's of no interest to me.

Er/Sie kann sagen, was er/sie will. Das interessiert mich überhaupt nicht. – Mich auch nicht.	He/She can say what he/she likes. I'm not the slightest bit interested. – I'm not, either.

Es spielt überhaupt keine Rolle, was er/sie will.	It doesn't matter what he/she wants.
Ob er kommt oder nicht, das interessiert mich nicht.	Whether he comes or not is of no interest to me.
Ob er/sie das heute macht oder morgen, das läuft auf das Gleiche hinaus.	Whether he/she does it today or tomorrow, it amounts to the same thing.

Meinung – Persönliche Stellungnahme

Meinung

Ich finde, das ist gar keine so schlechte Arbeit. – Ja, das stimmt. – Das finde ich auch. – Da haben Sie Recht. – Unbedingt. – Das kann man wohl sagen.	I think this work is not at all bad. – Yes, that's right. – I agree. – You're right. – Absolutely. – You can say that again.

Ich dachte, er/sie sei verreist.	**I thought he/she was away.**
– Das habe ich auch geglaubt.	**– That's what I thought as well.**

Er/Sie arbeitet Tag und Nacht.	**He/She works day and night.**
– Das glaube ich.	**– I can believe that.**
– Das kann gut sein.	**– That may well be.**
– Das kann ich mir gut vorstellen.	**– I can well imagine.**
– Das kann ich nicht glauben.	**– I find that hard to believe.**
– Das kann ich mir nicht erklären.	**– I find that hard to explain.**
– Das kann ich nicht nachvollziehen.	**– I find that hard to understand.**
– Das kann nicht sein. Ich habe ihn/sie noch heute Morgen gesehen.	**– That can't be true. I saw him/her only this morning.**
– Das hätte ich nie von ihm/ihr gedacht.	**– I would never have thought that of him/her.**
– Das habe ich mir gleich gedacht.	**– That's what I thought straight away.**

Ich glaube nicht, dass das stimmt.	**I don't think that is true.**
– Warum nicht?	**– Why not?**

Er/Sie ist sehr aggressiv.	**He/She is very aggressive.**
– Finden Sie?	**– Do you think so?**
– Meinen Sie?	**– Is that your opinion?**
– Ich weiß nicht.	**– I don't know.**
– Das würde ich nicht sagen.	**– I wouldn't say that.**
– Ich würde sagen, er/sie ist zu unsensibel.	**– I would say that he/she is too insensitive.**
– Da bin ich anderer Ansicht.	**– I take a different view.**

Er/Sie ist sehr beschlagen auf diesem Gebiet.	**He/She is very competent in this area.**
– Das wollte ich auch sagen.	**– That's what I wanted to say as well.**
– Das würde ich auch sagen.	**– I would say so too.**
– Das hätte ich nicht gedacht.	**– I would never have thought so.**

Er/Sie geht oft aus essen. Dafür gibt er/sie eine Menge Geld aus.	**He/She often goes to restaurants. He/She spends a lot of money on eating out.**
– Ja und? Das ist sein/ihr gutes Recht.	**– So what? That's his/her choice.**

Wenn Sie mich fragen. Ich finde es unmöglich, wie er/sie sich verhalten hat.	**If you ask me, I think the way he/she has behaved is unacceptable.**

Mein Sohn will eine zehn Jahre ältere Frau heiraten. Was meinen Sie dazu?	**My son wants to marry a woman ten years older than him. What's your opinion?**
– Das kann ich nicht beurteilen.	**– I can't say one way or another.**
– Ich weiß nicht recht, was ich dazu sagen soll.	**– I don't really know what to say about this.**

Ich habe vor, für ein Jahr in die USA zu gehen. Was sagen Sie dazu?	**I'm planning to go to the USA for a year. What do you think of that?**
– Ich halte das für keine schlechte Idee.	**– I think it's not a bad idea.**

Persönliche Stellungnahme

Es ist klar, dass er/sie seinen/ihren Standpunkt verteidigt.	**Clearly, he/she is going to defend his/her point of view**
Es ist ganz selbstverständlich, dass ...	**It goes without saying that ...**
Es ist ganz selbstverständlich, dass ich Ihnen bei Ihrer Arbeit helfe.	**It goes without saying that I am prepared to help you with your work**
Ich frage mich, warum er/sie mir nichts gesagt hat.	**I wonder why he/she didn't say anything to me.**
– Das kann ich auch nicht verstehen.	**– I can't understand it either.**
Es ist schwer nachzuvollziehen, was er/sie gemacht hat.	**It's hard to understand what he/she has done.**
Ich wüsste gern, warum er/sie das getan hat.	**I'd like to know why he/she did that.**
– Das ist schwer zu sagen.	**– It's hard to say.**
Es würde mich interessieren, wer das gesagt hat.	**I'd be interested to know who said that.**
– Das ist nicht leicht herauszubekommen.	**– That won't be easy to find out.**
Es kann sein, dass er/sie noch kommt.	**It may be that he/she comes after all.**
– Ich weiß nicht.	**– I don't know.**

Es kann gut sein, dass er/sie seine/ihre Meinung revidiert.	**It may well be the case that he/she revises his/her opinion.**
– Da bin ich mir nicht so sicher.	**– I'm not so sure about that.**
– Das möchte ich doch stark bezweifeln.	**– I doubt that very much.**

Vielleicht ist er/sie frustriert.	**Perhaps he/she is frustrated.**
– Das ist gut möglich. Bei ihm/ ihr weiß man es nie so genau.	**– That may well be the case. You can never be too sure with him/her.**

Ich gehe davon aus, dass er/sie das tut, was er/sie gesagt hat.	**I'm assuming that he/she will do what he/she says.**
– Davon bin ich überzeugt.	**– I'm convinced of it.**

Ich habe gehört, sie hat ein Baby bekommen.	**I've heard she's had a baby.**
– Das ist ja schön.	**– That's nice.**
– Das freut mich aber.	**– Oh, I'm so pleased.**

Er/Sie hat zwei Monate gebraucht, um seine/ihre Arbeit fertig zu stellen.	**He/She took two months to get his/her work finished.**
– Das erklärt alles.	**– That explains everything.**
– Das besagt gar nichts.	**– That doesn't mean a thing.**

Er/Sie lebt seit zwei Jahren in Amerika.	**He/She has been living in America for two years.**
– Das wusste ich nicht.	**– I didn't know that.**

Vielleicht irre ich mich, aber ich glaube, er/sie hat wieder geheiratet.	**I may be mistaken but I think he/she has remarried.**

Wenn ich mich recht erinnere, war er/sie zwei Jahre arbeitslos.	**If I remember correctly, he/she was unemployed for two years.**
– Das ist gut möglich.	**– That may well be true.**

Das letzte Mal, als wir ihn/sie getroffen haben, das war in der Fußgängerzone.	**The last time we met him/her was in the pedestrian precinct.**
– Daran kann ich mich nicht mehr erinnern.	**– I can't remember.**
– Das weiß ich nicht mehr. ... Ach doch, jetzt erinnere ich mich. Das war vor drei Monaten.	**– I don't remember ... Oh yes, I do now. That was three months ago.**

Argumentation

A propos. Was ich Ihnen noch sagen wollte ...	**By the way, I was meaning to tell you ...**
Mir ist etwas eingefallen.	**Something's just occurred to me.**
Ich wollte Ihnen nur sagen, dass ...	**I just wanted to tell you that ...**
Es geht um ...	**It's about ...**
Es geht darum, ob ...	**It's about whether ...**
Es dreht sich darum, ob ...	**It's a matter of whether ...**

Das ist dasselbe.	**It's the same thing.**
Das läuft aufs Gleiche hinaus.	**It amounts to the same thing.**
Bei uns ist das genauso.	**It's the same where we come from.**
Das ist genauso bei diesem Projekt.	**That's the way it is on this project.**

Das ist nicht dasselbe.	**It's not the same.**
Das ist etwas anderes.	**It's something else.**
Bei uns ist das anders.	**It's different where we come from.**

Das hat nichts zu tun mit ...	**That has nothing to do with ...**
Ich sehe keinen Zusammenhang zwischen ...	**I see no connection between ...**
Das steht in keinem Zusammenhang mit ...	**There is no connection here with ...**
Das hat nichts zu bedeuten.	**That is not significant.**

Wie kommt es, dass ...?	**How is it that ...?**
– Das kommt daher, dass ...	**– The reason is that ...**
– Das ist wegen ...	**– That's because of ...**
Wie kam es, dass ...	**How was it that ...**
– Das kam daher, dass ...	**– That was because ...**
Wie ist denn so was möglich?	**How is such a thing possible?**
Können Sie mir stichhaltige Gründe nennen, warum ...?	**Can you give me any logical reason why ...?**
– Das liegt daran, dass ...	**– The reason is that ...**
– Dafür gibt es mehrere Gründe.	**– There are several reasons for this.**

– Der Hauptgrund ist, dass ... | – The main reason is that ...

Diese Begründung ist ganz einfach falsch. | This explanation is quite simply wrong.

Diese Begründung verdeckt die wahren Motive. | This explanation conceals the true motives.

Das Problem ist, dass ... | The problem is that ...

Das Hauptproblem ist, dass ... | The main problem is that ...

Das könnte große Probleme geben. | This could lead to major problems.

Man muss eine Lösung für diese Probleme finden. | A solution has to be found for these problems.

Diese Probleme sind nicht leicht zu lösen. | These problems are not easy to solve.

Ich weiß nicht, wie man diese Probleme lösen soll. | I don't know how these problems are to be solved.

Wie ist dieses Problem entstanden? Können Sie mir das erklären? | How did this problem arise? Can you explain this to me?

– Das ist nicht so leicht zu erklären. | – It's not so easy to explain.

Das ist gar nicht so leicht. | That's not at all easy.

Das wird nicht so leicht sein. | That won't be so easy.

Das geht nicht problemlos. | This will not be without problems.

Das ist ziemlich kompliziert.	**That's fairly complicated.**
Wir könnten große Schwierigkeiten bekommen.	**We could get into severe difficulties.**
Das könnte uns in große Schwierigkeiten bringen.	**This could mean big problems for us.**
Das ändert aber nichts an der Tatsache, dass etwas getan werden muss.	**This does not change the fact that something has to be done.**
Das könnte schlimme Folgen nach sich ziehen.	**This could have serious consequences.**
Man muss berücksichtigen/ bedenken, welche Folgen sich daraus ergeben könnten.	**We have to bear in mind what the consequences of this could be.**
Wenn man bedenkt, dass ...	**If you consider that ...**
Man muss auch berücksichtigen, dass ...	**It also has to be taken into account that ...**
Viele machen sich eine falsche Vorstellung von der Gefährlichkeit der aktuellen Lage.	**Many people have a false concept of how dangerous the current situation is.**
Sie haben keine genaue Vorstellung, wie schwierig die wirtschaftliche Lage ist.	**They have no idea of how difficult the economic situation is.**
In diesem Zusammenhang möchte ich darauf hinweisen, dass ...	**In this context I would like to point out that ...**
Es ist schwer, die wirtschaftliche Lage richtig einzuschätzen.	**It is difficult to make an accurate assessment of the economic situation.**

Viele unterschätzen, wie gefährlich die Lage ist.	**Many people underestimate how risky the situation is.**
Sie überschätzen bei weitem ihre Handlungsmöglichkeiten.	**They grossly overestimate their scope for action.**
Im Vergleich zu der Situation im letzten Jahr können wir sehr zufrieden sein.	**In comparison to the situation last year, we can be very satisfied.**
Was nützt es, wenn wir unter diesen Umständen die Arbeit fortsetzen?	**What's the point of continuing our work under these circumstances.**
Das hat gar keinen Zweck. / Das hat gar keinen Sinn.	**There's no point at all. / There's no sense in it.**
In Anbetracht der Umstände ist es sinnlos, noch länger zu warten.	**In view of the circumstances, it's pointless waiting any longer.**
Es ist Zeit, etwas zu unternehmen.	**It's time we took action.**
Man muss auf jeden Fall etwas tun.	**In any case, we have to do something.**
Man darf auf keinen Fall noch länger warten.	**In any case, we must not wait any longer.**
Es geht nicht anders.	**There is no alternative.**
Wenn das so ist, dann kann man nichts machen.	**If that's the case, then nothing can be done.**

Unter diesen Umständen ist die Situation schwer in den Griff zu bekommen.

Under these circumstances it's hard to get control of the situation.

Theoretisch wäre das wohl möglich.

In theory, that would be quite possible.

Das ist praktisch unmöglich.

That is impossible in practice.

Kommunikationsschwierigkeiten

Wie meinen Sie das?

What do you mean by that?

– Lassen Sie mich das erklären.

– Let me explain.

Was verstehen Sie darunter?

What do you understand by that?

Woher wissen Sie das?

How do you know that?

Habe ich Sie recht verstanden?

Did I understand you correctly?

Sie meinen, man sollte nicht länger warten.

So you're suggesting we shouldn't wait any longer?

Ich verstehe nicht ganz, worauf Sie hinaus wollen.

I don't understand what point you're trying to make.

Ich weiß nicht, wie ich mich ausdrücken soll.

I don't know how to express this.

Ich weiß nicht, ob Sie mich richtig verstanden haben.

I don't know whether you followed me on that.

Ich habe mich wohl schlecht ausgedrückt.	**I probably didn't express myself clearly.**
Lassen Sie es mich anders formulieren.	**Let me put it another way.**

Das habe ich nicht gesagt.	**I didn't say that.**
So habe ich das nicht gemeint.	**That's not what I meant to say.**
Ich wollte sagen ...	**I was trying to say ...**
Ich will damit sagen, dass ...	**What I'm trying to say is that ...**

Das heißt, dass ...	**This means that ...**
Das heißt nicht, dass ...	**This does not mean that ...**
Das ist etwas anderes.	**That's something else.**
Das kann man so nicht sagen.	**You can't put it that way.**
Das ist nicht ganz so.	**That is not quite the case.**
Darum geht es nicht.	**That's not what it's about.**
Ich will es Ihnen erklären.	**I'll explain it to you.**

Allgemeine Standardformulierungen

So ist es.	**That's how it is.**
Es ist, wie es ist.	**That's the way it is.**
Da kann man nichts machen.	**You can't do anything about it.**
Das kann ich mir denken.	**I can imagine.**
Das kann man wohl sagen.	**You can say that again.**

Das ist gar nicht so schlecht.	**That's not bad at all.**

Nicht schlecht!	**Not bad!**
Das hört sich gut an.	**That sounds good.**

Man tut, was man kann.	**One does what one can.**
Es kommt, wie es kommt.	**We'll take it as it comes.**
Es geht nicht immer so, wie man denkt.	**Things don't always turn out as expected.**
Alles zu seiner Zeit.	**Everything in its own time.**
Was nicht ist, kann noch werden.	**Don't rule anything out.**

Man kann nie wissen.	**You never know.**
Man kann nicht alles wissen.	**You can't know everything.**
Wer weiß, wozu das gut ist.	**Who knows what the point of it all is.**
Es kommt immer anders, als man denkt.	**Things never turn out the way you expect.**

Das ist halb so schlimm.	**It's not as bad as it seems.**
Das kann jedem passieren.	**It could happen to anyone.**
Das wird schon werden.	**It'll be all right.**

Es wird nichts so heiß gegessen, wie es gekocht wird.	**Things always seem worse than they are.**
Das Leben geht weiter.	**Ah well, life goes on.**
Man darf den Kopf nicht hängen lassen.	**Keep your chin up.**
Man darf nicht die Geduld verlieren.	**We mustn't lose our nerve.**
Man darf sich nicht hängen lassen.	**Don't let it get you down.**

Von nichts kommt nichts.	**Nothing ventured, nothing gained.**
Das ist leichter gesagt als getan.	**That's easier said than done.**
Das darf man nicht auf die leichte Schulter nehmen.	**You shouldn't take it so lightly.**
Erst die Arbeit, dann das Vergnügen.	**Work first, pleasure second.**

Man darf nicht zu viel erwarten.	**You shouldn't expect too much.**
Man kann nicht alles haben.	**You can't have everything.**
Geld ist nicht alles.	**Money isn't everything.**

Man muss mit der Zeit gehen.	**You have to move with the times.**
Die Zeiten haben sich geändert.	**Times have changed.**
Man gewöhnt sich an alles.	**One gets used to anything.**

Geld stinkt nicht.	**There's nothing wrong with money.**
Fragen kostet nichts.	**There's no harm in asking.**
Die Geschmäcker sind verschieden.	**Different people have different tastes.**
Jeder ist anders.	**Everybody's different.**

3

Gesprächssituationen

In der Stadt
Ortssuche
Hotel
Restaurant
Einkaufen
Post
Bank
Arztsuche

Unterwegs
Bahn
Flugzeug
Mietwagen
Taxi
Bus / U-Bahn

Private Einladung

In der Stadt

Ortssuche

Entschuldigen Sie, wie komme ich bitte zur Post?
Excuse me. How do I get to the post office?

Entschuldigen Sie, ich suche die Post.
Excuse me. I'm looking for the post office.

Ist das weit von hier?
Is it far?

Wie weit ist es bis zum Bahnhof?
How far is it to the station?

Fährt da ein Bus hin
Is there a bus I can catch?

Entschuldigung. Wissen Sie, wo sich das Geschäft „Colibri"
befindet?
Excuse me. Do you know where a shop called 'Colibri' is?

Gibt es hier in der Nähe ein Restaurant?
Is there a restaurant nearby?

Hotel

Anmeldung

Ich habe ein Zimmer auf den Namen Schneider reserviert.
I've booked a room under the name of Schneider.

Liegt eine Nachricht für mich vor?
Are there any messages for me?

Hat das Zimmer ein Bad?
Does the room have a bath?

Gibt es einen Internetanschluss auf dem Zimmer?
Is there an internet connection in the room?

Ist das Frühstück im Zimmerpreis enthalten?
Is breakfast included in the price of the room?

In welchem Stock ist das Zimmer?
What floor is the room on?

Gibt es hier einen Aufzug?
Is there a lift here?

Könnte mir jemand beim Gepäck helfen?
Could someone help me with my luggage?

Könnten Sie bitte mein Gepäck auf mein Zimmer bringen lassen?
Could you have someone take my luggage up for me?

Muss ich ein Formular ausfüllen?
Do I have to fill in a form?

Ich möchte eine Nacht länger bleiben. Geht das?
I'd like to stay an extra night. Will that be all right?

Ab wann / Bis wann gibt es Frühstück?
What time does breakfast start / finish?

Wann wird das Frühstück serviert?
When is breakfast served?

Kann ich auf meinem Zimmer frühstücken?
Can I have breakfast in my room?

Wo kann ich meinen Wagen parken?
Where can I park my car?

Ist der Parkplatz bewacht?
Is the car-park secure?

Bitten

Kann ich Ihnen meine Wertsachen zur Aufbewahrung im Hotelsafe geben?
Can I give you my valuables to keep in the hotel safe?

Könnten Sie mich bitte morgen früh um halb sieben wecken?
Could you please wake me at half past six tomorrow morning?

Könnten Sie mir bitte ein Taxi rufen?
Could you please call me a taxi?

Probleme, Beanstandungen

Ich hätte gerne ein anderes Zimmer.
I would like a different room.

Das Zimmer gefällt mir nicht besonders. Es ist zu laut.
I don't really like the room. It's too noisy.

Hätten Sie ein ruhigeres Zimmer? Kann ich das mal sehen?
Have you perhaps got a quieter room? Could I take a look?

Ich komme nicht klar mit dem Telefon. Wie muss ich das machen?
I don't understand how the telephone works. What am I supposed to do?

Das Licht in der Toilette funktioniert nicht. Können Sie mal bitte nachsehen?
The light in the toilet isn't working. Could you please take a look.

Abreise

Ich reise morgen ab.
I'm leaving tomorrow.

Bis wann muss ich mein Zimmer räumen?
By what time do I have to vacate my room?

Können Sie mir die Rechnung fertig machen?
Could you let me have my bill?

Ich habe eine Frage zur Rechnung. Ich verstehe diese Position
nicht. £20, was ist das?
**I've one question concerning this item on the bill: what's
this £20 charge for?**

Ich zahle mit Kreditkarte.
I'll pay by credit card.

Kann ich mein Gepäck hier für ein paar Stunden unterstellen?
Can I leave my luggage with you for a couple of hours?

Restaurant

Freier Tisch

Haben Sie einen Tisch für zwei Personen?
Have you got a table for two?

Ist dieser Platz frei?
Is this seat free?

Hätten Sie einen Tisch näher am Fenster?
Would you by any chance have a table nearer the window?

Bedienung

Entschuldigung.
Excuse me!

Ich möchte nur eine Kleinigkeit essen.
I only want a snack.

Ich möchte nur etwas trinken.
I only want something to drink.

Bringen Sie mir bitte die Speisekarte?
Would you bring the menu, please?

Können Sie mir bitte die Getränkekarte / die Weinkarte bringen?
Could you please bring the wine list?

Entschuldigung, könnten wir etwas bestellen?
Excuse me. We'd like to order.

Können wir schnell etwas bekommen?
How quickly can we be served?

Wir haben es etwas eilig.
We're in a bit of a hurry.

Müssen wir lange warten?
Will we have to wait long?

Bestellung

Entschuldigung, ich habe noch nicht gewählt.
Sorry, I haven't made up my mind yet.

Was können Sie uns empfehlen?
What do you recommend?

Was ist das, ein „Shepherd's Pie"?
What exactly is 'Shepherd's Pie'?

Ich habe gewählt.
I'm ready to order.

Ich nehme das Gericht zu ... Pfund.
I'll have the set meal at £...

Ich nehme das Tagesgericht.
I'll have the special.

Kellner: Nehmen Sie Gemüse oder Salat dazu?
Waiter: **Would you like vegetables or salad with that?**

Ich möchte gerne Salat/Gemüse.
I'll have the salad/vegetables.

Kellner: Möchten Sie Pommes Frites, Salzkartoffeln oder Reis dazu?
Waiter: **Do you want it with chips, potatoes or rice, sir/madam?**

Dann nehme ich Pommes Frites.
I'd like chips.

Ich möchte ...
I'd like ...

Könnte ich ... bekommen anstatt ...?
Instead of ... could I have ...?

Haben Sie auch ...?
Have you also got ...?

Haben Sie kein ...?
Haven't you got any ...?

Was gibt es als Dessert?
What have you got for dessert?

Ich bestelle das Dessert später.
I'll order the dessert later.

Als Nachtisch nehme ich ein Stück Kuchen.
And then to follow I'll have some cake.

Als Getränk nehme ich ...
And to drink, I'll have ...

Ich möchte ein Mineralwasser.
I'd like a glass of mineral water.

Frage an die/den Bekannte/n

Schmeckt es Ihnen?
How do you like your meal?

– Danke, sehr gut.
– Thank you. It's delicious.

Könnten Sie mir bitte das Salz reichen?
Could you pass me the salt, please?

Bitten und Beanstandungen

Könnten wir bitte noch etwas Brot bekommen?
Could we have some more bread, please?

Entschuldigung, hier fehlt noch ein Glas.
Excuse me. We're one glass short here.

———————

Tut mir Leid, das habe ich nicht bestellt.
I'm sorry but I didn't order that.

Ich habe … bestellt.
I ordered…

Rechnung

Können Sie uns bitte die Rechnung bringen?
Could you bring the bill, please.

Wir bezahlen getrennt.
We'll pay separately.

Kann ich mit Kreditkarte bezahlen?
Can I pay by credit card?

Das stimmt so. *(Bezahlung)*
Keep the change.

Das ist für Sie.
This is for you.

Einkaufen

Kleidung kaufen

Kann ich Ihnen helfen? - Danke, ich sehe mich nur um.
Can I help you? – Thanks, I'm just having a look.

Entschuldigen Sie. Wo finde ich die Pullover?
Excuse me. Where will I find pullovers?

Könnten Sie mir vielleicht helfen? Mir geht es um einen Pullover.
Could you help me. I'm looking for a pullover.

Ich habe ein Modell im Schaufenster gesehen.
I saw something I like in the window.

Ich hätte gern so einen Pullover.
I'd like a pullover like that one.

Könnten Sie mich ein bisschen beraten?
Could you give me a bit of advice?

Ich weiß nicht, wie das heißt.
I don't know what it's called.

Haben Sie so etwas oder etwas Ähnliches?
Have you got one like this or something similar?

Könnten Sie mir das einmal zeigen?
Could you show me?

Dieser Pulli gefällt mir. Kann ich ihn anprobieren?
I like this pullover. Can I try it on?

Ich nehme ihn.
I'll take it.

Das ist zu klein/groß/kurz/lang.
It's too small/big/short/long.

Haben Sie das in kleiner / in größer?
Have you got this in a larger/smaller size?

Das ist nicht genau das, was ich suche.
It's not really what I'm looking for.

Haben Sie andere Farben in dieser Größe?
Do you have a different colour in this size?

Haben Sie diese Größe auch in rot?
Do you also have this size in red?

Hätten Sie kein anderes Modell?
Haven't you got any other designs?

Haben Sie nicht etwas anderes?
Haven't you got anything else?

Haben Sie nichts anderes?
Have you got nothing else?

Führen Sie das nicht?
Don't you stock that?

Ja, da kann man nichts machen.
Well, I suppose that's it then.

Wie viel kostet dieser Pullover?
What does this pullover cost?

Einkaufen **3**

Wie teuer ist das?
How much is it?

___

Kann man mit dem Preis etwas machen?
Can you do me a special price?

Hätten Sie auch noch etwas Ähnliches in einer anderen
  Preisklasse?
Have you got something similar but at a different price?

Ich überlege es mir noch mal.
I'll think it over.

___

Können Sie es bitte einpacken?
Could you wrap it for me, please?

Nehmen Sie Kreditkarten?
Do you take credit cards?

Kann ich einen Kassenbon bekommen?
Can I have a receipt?

___

Ich möchte dies zurückgeben.
I would like to return this.

Ich möchte dies umtauschen. Hier ist der Kassenzettel.
I'd like to exchange this. Here is the receipt.

In der Reinigung

Ich möchte diesen Mantel reinigen lassen.
I'd like to have this coat dry-cleaned.

Wann ist er fertig?
When will it be ready?

Ich möchte diese Sachen reinigen lassen.
I'd like to have these items dry-cleaned.

Wann sind sie fertig?
When will they be ready?

Beim Juwelier

Könnten Sie mir diese Armbanduhr reparieren?
Could you repair this watch for me?

Wie lange dauert die Reparatur?
How long will the repair take?

Wann kann ich die Uhr abholen?
When can I collect the watch?

Post

Wie viel kostet ein Brief / eine Postkarte nach Deutschland?
What does it cost to send a letter / a postcard to Germany?

Zwei Briefmarken zu ... pence, bitte.
Two ... pence stamps, please.

Diesen Brief bitte als Einschreiben.
I'd like to send this 'Recorded Delivery', please.

Wie lange braucht dieser Brief mit Luftpost?
How long will this letter take by airmail?

Ich kenne die Postleitzahl von .... nicht.
I don't know the postcode for ...

Ich habe hier ein Paket nach Deutschland. Welches Formular
muss ich ausfüllen?
**I've got a parcel for Germany here. Which form do I have
to fill in?**

Ich möchte £100 abheben. Hier ist meine Bankkarte/Kreditkarte.
**I'd like to withdraw £100. Here is my debit card /
credit card.**

Ich habe mich bei meiner Geheimzahl vertan. Was muss ich
jetzt machen?
**I've made a mistake with my PIN. What do I have
to do now?**

Die Bestätigungstaste hat nicht richtig funktioniert.
The 'ENTER' button didn't work properly.

Muss ich die Taste noch mal drücken?
Do I have to press the button again?

Muss ich die Geheimzahl zweimal bestätigen?
Do I have to confirm my PIN twice?

Bank

Ich möchte Geld abheben.
I'd like to make a withdrawal.

Ich möchte £500 in amerikanische Dollar umtauschen.
I'd like to change £500 into US Dollars.

Kann ich bei Ihnen Reiseschecks einlösen?
Are you able to cash traveller's cheques for me?

Wo muss ich unterschreiben?
Where do I sign?

Könnten Sie mir £50 in kleineren Scheinen / in £10- und
£20-Scheinen geben?
**Could you give me £50 in small denominations / in £10 and
£20 notes.**

Könnten Sie mir bitte £5 wechseln, in £1- und £2-Münzen?
Could you please change £5 into £1- and £2 coins?

Ich möchte ein Bankkonto eröffnen. Was muss ich da machen?
I'd like to open a bank account. How do I go about doing this?

Ich möchte eine Überweisung vornehmen.
I'd like to transfer some funds.

Ich glaube, Ihr Geldautomat am Eingang funktioniert nicht richtig.
I think your cash machine by the entrance isn't working properly.

Ich habe meine Bankkarte hineingesteckt, aber sie kommt nicht mehr heraus.
I've put my card in but it won't come out again.

Mein Konto ist nicht überzogen.
My account is not overdrawn.

Arztsuche

Gibt es hier in der Nähe einen Arzt / einen Zahnarzt?
Is there a doctor's / dentist's surgery nearby?

Wissen Sie, wann er Sprechstunde hat?
Do you know when the surgery is open?

Gibt es auch noch einen anderen Arzt?
Is there another doctor?

Wissen Sie seine Telefonnummer?
Do you know his telephone number?

Muss man wegen eines Termins anrufen?
Do you have to ring to get an appointment?

Unterwegs

Bahn

Am Schalter

Um wie viel Uhr geht der nächste Zug nach Manchester?
What time is the next train to Manchester?

Eine einfache Fahrt / Eine Rückfahrkarte nach Manchester,
1. Klasse.
A single / A return to Manchester, please. First class.

Gibt es eine Ermäßigung für Kinder/ Studenten?
Is there a reduced fare for children / students?

Ist das ein durchgehender Zug?
Is this a through train?

Wo muss ich umsteigen?
Where do I have to change?

Wie lange habe ich dort Aufenthalt?
How long is the wait?

Ich hätte gern eine Reservierung und eine Rückfahrkarte
erster Klasse nach Newcastle.
**I'd like a first class return to Newcastle and I'd like
to reserve a seat.**

Ich möchte am Samstagvormittag fahren.
I want to travel on Saturday morning.

Wie? Alles ist reserviert?
What? No seats left?

Und wie ist es am Samstagnachmittag?
So what about Saturday afternoon?

Um 16.30 Uhr? Oh, das ist etwas spät. Gibt es nichts Früheres?
4:30 pm? Oh, that's rather late. Haven't you got anything earlier?

Gut. Dann nehme ich diesen Zug.
All right. I'll take that train then.

Die Reservierung für die Rückfahrt nehme ich später vor.
I'll make the reservation for the return journey later.

Im Bahnhof

Von welchem Gleis fährt der Zug ab?
What platform does the train leave from?

Ist der Zug pünktlich?
Is the train on time?

Hat der Zug Verspätung?
Is the train running late?

Wie viel Verspätung hat der Zug?
How late is the train running?

Stimmt es, dass der Zug nach Birmingham eine halbe Stunde Verspätung hat?
Is it true that the Birmingham train is running half an hour late?

Wo befindet sich der Fahrplan?
Where is the timetable?

Im Zugabteil

Verzeihung, ist dieser Platz frei?
Excuse me. Is this seat taken?

Entschuldigung, ich habe diesen Platz reserviert.
I'm sorry but I have reserved this seat.

Stört es Sie, wenn ich das Fenster öffne?
Do you mind if I open the window?

Entschuldigung, darf ich die Tür schließen?
Excuse me. May I shut the door?

Flugzeug

Buchung

Ich hätte gern ein Flugticket nach Berlin.
I'd like to book a flight to Berlin.

Hin- und Rückflug. Economy class. / Business class. /
First class.
**Return. Economy class. / Business class. /
First class.**

Der Hinflug ist am 12. März und der Rückflug am 3. April.
**The outward flight is on 12th March and the return flight
on 3rd April.**

Welches ist die billigste Flugverbindung?
What is the cheapest route?

Ich möchte mit »British Airways« fliegen.
I'd like to fly BA.

Was kostet ein einfacher Flug / ein Hin- und Rückflug?
What does a single / return flight cost?

Gibt es Sondertarife?
Are there any special fares?

Ist die Flughafengebühr inbegriffen?
Are airport taxes included?

Um wie viel Uhr geht die Maschine?
What time does the flight leave?

Und wann kommt die Maschine an?
What time does the flight arrive?

Ich zahle mit Kreditkarte.
I'll pay by credit card.

Könnten Sie mir die Buchung bestätigen?
Could you confirm my reservation?

Könnten Sie mir die Buchungsbestätigung durchfaxen?
Could you confirm my reservation by fax?

Ich faxe Ihnen die Buchungsbestätigung unterschrieben zurück.
I'll fax you a signed confirmation of your booking.

Am Flughafen

Könnten Sie mir sagen, wo sich der Schalter der
  Fluggesellschaft ... befindet?
Could you tell me where the check-in for ...airline is?

Ich hätte gern einen Fensterplatz / einen Platz am Gang,
  wenn es möglich ist.
I'd like a window seat / an aisle seat if that's possible.

Wie viel kostet das Übergepäck?
What's the excess baggage charge?

Von welchem Terminal ist der Abflug?
Which terminal does the flight depart from?

Zu welchem Flugsteig muss ich gehen?
What gate must I go to?

Startet die Maschine mit Verspätung?
Will the flight be delayed?

Ich habe mein Flugzeug verpasst.
I've missed my plane.

Könnte ich diesen Flug umbuchen?
Could I change this flight?

Wann fliegt die nächste Maschine nach ... ?
When is the next flight to ...?

Mietwagen

Entschuldigung, gibt es hier in der Nähe eine Autovermietung?
Excuse me. Is there a car-hire firm nearby?

Ich möchte gerne ein Auto mieten.
I'd like to hire a car.

Ich hätte gerne einen Mittelklassewagen.
I'd like a mid-range car.

Ist das ein Wagen mit Automatik?
Is this car an automatic?

Ich hätte lieber einen Wagen mit Automatik.
I'd prefer an automatic.

Ich mag die Gangschaltung nicht.
I don't like the manual gear change.

Ich bin Gangschaltung nicht gewöhnt.
I'm not used to a manual gear change.

Das ist für zwei Tage / eine Woche.
It's for two days / one week.

Wie viel kostet dieser Wagen pro Tag?
What does this car cost per day?

Wie viele Kilometer sind im Preis enthalten?
How many kilometres are there included in the price?

Ist eine Vollkaskoversicherung inbegriffen?
Is comprehensive insurance included in the price?

Muss ich eine Kaution hinterlegen?
Do I have to give you a deposit?

Wie hoch ist die Kaution?
How much is the deposit?

Hier ist mein Personalausweis und mein Führerschein.
Here is my ID and here is my driving licence.

Was für Benzin fährt der Wagen?
What sort of fuel do I put in the tank?

Fährt der Wagen Normalbenzin/ Superbenzin/Diesel?
Does it need normal lead-free / 4-star /diesel?

Bis wann muss ich den Wagen zurückbringen?
By what time do I have to return the car?

Muss ich den Wagen vollgetankt zurückgeben?
Do I have to bring the car back with a full tank?

Kann ich den Wagen an einer anderen Niederlassung von Ihrer Firma abgeben?
Is it possible to return the car to one of your other branches?

Taxi

Gibt es hier in der Nähe einen Taxistand?
Is there a taxi stand nearby?

Wo bekomme ich ein Taxi?
Where can I get a taxi?

Könnten Sie mir ein Taxi bestellen?
Could you order me a taxi?

Ich möchte für 11 Uhr ein Taxi bestellen.
I'd like to order a taxi for 11 o'clock.

Können Sie mir bitte ein Taxi schicken. Das ist 55 Manor Road.
**Could you send a taxi, please? The address is
    55 Manor Road.**

Können Sie mir bitte beim Einladen des Gepäcks helfen?
Could you help me put my luggage in, please?

Zum Bahnhof, bitte.
The station, please.

Ich möchte zum Theater / zur Hunter Street.
Could you take me to the theatre / to Hunter Street?

Würden Sie bitte dort halten?
Would you stop over there, please?

Könnten Sie bitte ein paar Minuten warten?
Could you wait a few minutes, please?

Wie viel macht das?
What does that come to?

Könnten Sie mir bitte eine Quittung geben?
Could you give me a receipt, please?

Das ist für Sie. *(Trinkgeld)*
That's for you.

Bus / U-Bahn

Gibt es hier in der Nähe eine U-Bahn-Station?
Is there a tube station nearby?

Wo ist die nächste U-Bahn-Station?
Where is the nearest Underground station?

Zur Victoria Station, welche Buslinie / welche U-Bahn ist das?
Which bus do I catch / which tube line do I catch to Victoria Station?

Ist das der Bus / die U-Bahn zur Victoria Station?
Is this bus / this train going to Victoria Station?

Gibt es einen Bus zur Victoria Station?
Is there a bus that goes to Victoria Station?

Wo fährt der Bus zur Victoria Station ab?
Where do I catch the bus to Victoria Station?

Wann fährt der nächste Bus zur Victoria Station?
What time is the next bus to Victoria Station?

Wann fährt der letzte Bus / die letzte U-Bahn?
What time does the last bus / the last train leave?

Wissen Sie, wo die Bushaltestelle der Linie 120 ist?
Do you know where the bus-stop for the Number 120 is?

Fährt dieser Bus / die Linie 120 / diese U-Bahn zur Victoria Station?
Does this bus / the Number 120 / this train go to Victoria Station?

Ist das ohne Umsteigen?
Do I have to change anywhere?

Wo muss ich umsteigen?
Where must I change?

Wie viele Haltestellen sind es bis zur Victoria Station?
How many stops are there to Victoria Station?

Wo muss ich aussteigen?
Where do I get off?

Könnten Sie mir bitte Bescheid geben, wann ich aussteigen
    muss?
Could you tell me just before I need to get off, thanks.

Wo bekommt man die Fahrkarten?
Where do you get tickets?

Ich hätte gern einen Fahrkartenblock / eine Tageskarte /
    eine Wochenkarte.
I'd like a tube carnet / a 24 hour ticket / a seven-day pass.

Private Einladung

Ankunft

Ah, da sind Sie ja. Treten Sie ein.
Ah, there you are! Come in.

Haben Sie es leicht gefunden?
Was it easy to find?

– Ja, kein Problem.
– Yes, no problem.

– Ach, es war gar nicht so einfach.
– Actually, it wasn't at all easy.

Es freut uns sehr, dass Sie gekommen sind.
We're so pleased that you could come.

Bitte kommen Sie herein.
Please come in.

(Ein Geschenk überreichen:)
– Das ist für Sie.
– This is for you.

– Hier ist ein kleines Geschenk für Sie.
– I have a little something for you.

Ah, das ist sehr nett.
Oh, how kind!

Vielen Dank, aber das wäre wirklich nicht nötig gewesen.
Thank you so much, but it really wasn't necessary.

Möchten Sie Ihren Mantel ablegen?
Would you like to take off your coat?

Geben Sie mir Ihre Jacke.
Let me have your jacket.

Bitte setzen Sie sich doch.
Please take a seat.

Hübsch haben Sie es hier.
Nice place you've got here.

Darf ich Ihnen etwas zu Trinken anbieten?
Can I offer you anything to drink?

– Ja, gerne.
– Yes, please.

Was darf ich Ihnen anbieten?
What may I offer you?

– Ich nehme Kaffee.
– I'll have coffee.

Wollen Sie etwas trinken?
Would you like something to drink?

– Ja, gerne.
– Yes, please.

Nehmen Sie noch etwas Wein?
Would you care for a little more wine?

– Nein, danke. Ich habe schon zwei Glas getrunken.
– No, thanks. I've already had two glasses.

Bei Tisch

Zum Wohl!
Your very good health!

Zum Wohl.
Cheers!

Bedienen Sie sich!
Help yourself / yourselves.

Guten Appetit!
Enjoy your meal!

– Danke, gleichfalls.
– Thanks. The same to you.

Möchten Sie noch etwas Fleisch?
Would you like some more meat?

– Ja, gerne. Das schmeckt ausgezeichnet.
– Yes, please. It tastes wonderful.

– Ja, bitte, aber nur ein klein wenig.
– Yes, please. But only a tiny bit.

– Nein, danke. Das schmeckt sehr gut, aber ich bin wirklich satt.
– No, thanks. It tastes really good but I can't eat any more.

– Das Essen war wirklich ausgezeichnet.
– The meal was really excellent.

Verabschiedung

Vielen Dank für Ihre Einladung / für Ihre Gastfreundschaft.
Many thanks for the invitation / for your hospitality.

Es hat mir sehr gefallen.
I really enjoyed myself.

Es war sehr nett, Sie zu sehen.
It was lovely to see you.

Kommen Sie uns bald mal wieder besuchen.
You must visit us again soon.

Auf Wiedersehen. Gute Heimfahrt.
Goodbye. Have a pleasant journey home.

Kommen Sie gut nach Hause.
Safe journey!

– Danke.
– Thank you.

4

Allgemeine Telefonkontakte

Jemanden anrufen: sagen, wer man ist
Fragen, wer der Gesprächspartner ist
Den Grund des Anrufs nennen
Sagen, wen man sprechen möchte
Der Gesprächspartner ist nicht erreichbar
Eine Nachricht hinterlassen
Um einen Rückruf bitten
Wie man den Gesprächspartner erreichen kann
Eine Nachricht entgegennehmen
Eine Mitteilung auf Richtigkeit überprüfen
Jemanden zurückrufen
Einen Anruf erhalten
Einen Rückruf erhalten.
Verständigungsschwierigkeiten
Sich bedanken, das Telefonat beenden

Jemanden anrufen: sagen, wer man ist

Guten Tag. Hier ist Frau Klein.	**Hello. This is Ms Klein.**
Guten Morgen. Hier ist Herr Schmidt.	**Good morning. Mr Schmidt speaking.**
Sie sprechen mit Herrn Ryley.	**You're speaking to Mr Ryley.**

Fragen, wer der Gesprächspartner ist

Spreche ich mit Herrn Ramsay? – Ja, am Apparat.	**Is that Mr Ramsay?** **– Yes, speaking.**
Guten Tag. Spreche ich mit Frau Tate?	**Hello. Am I speaking to Ms Tate?**
Spreche ich mit Frau Goodman? – Ja, das ist richtig. Guten Tag.	**Is that Ms Goodman?** **– Yes, that's right. Hello.**

Spreche ich mit der Firma Calotex?	**Am I through to Calotex?**
Mit wem spreche ich bitte?	**Who am I speaking to, please?**

Entschuldigen Sie, aber ich habe Ihren Namen nicht richtig verstanden.	**Excuse me, but I didn't quite catch your name.**
Entschuldigung, wie war noch mal bitte Ihr Name? – Oh, Entschuldigung, ich bin Herr Brown.	**Excuse me. What was your name again?** **– Oh, I'm sorry. This is Mr Brown.**

Den Grund des Anrufs nennen

Ich möchte bitte Herrn Ramsay sprechen.	**I'd like to speak to Mr Ramsay.**
Ich würde gern Frau Goodman sprechen, wenn das möglich ist.	**I'd like to speak to Ms Goodman if possible.**
Ich hätte gern die Telefonnummer von Herrn Ramsay.	**Could you let me have Mr Ramsay's phone number, please?**
Ich hätte gern einen Termin bei Herrn Dr. Charlton.	**I'd like an appointment with Dr Charlton.**

Ich rufe an wegen Ihrer Anzeige.	**I'm ringing in connection with your advert.**
Ich rufe an wegen Ihrer Rechnung.	**I'm ringing about your invoice.**
Es geht um eine Reklamation.	**I'd like to register a complaint.**

Ich möchte mal nachfragen, ob Sie schon mein Schreiben erhalten haben.	**I'm just enquiring whether you've received my letter yet.**
Ich rufe an, um Ihnen mitzuteilen, dass wir Ihr Angebot annehmen.	**I'm ringing to inform you that we accept your offer.**

Ich rufe im Auftrag von Herrn Kleinert an.	**I'm ringing on behalf of Mr Kleinert.**
Herr Kleinert hat mir gesagt, ich solle mich an Sie wenden wegen einer Bestellung.	**Mr Kleinert told me to speak to you about placing an order.**

Herr Kleinert hat gemeint, ich solle mich an Sie wenden wegen einer Reklamation.	**Mr Kleinert suggested that I should contact you about a complaint.**
Er hat gemeint, Sie könnten mir vielleicht hierzu eine Auskunft geben.	**He suggested that you could perhaps give me some information about this.**

Sagen, wen man sprechen möchte

Ich möchte gern Herrn Henry sprechen.	**I'd like to speak to Mr Henry.**
Ich würde gern Frau Goodman sprechen, wenn das möglich ist.	**I'd like to speak to Ms Goodman, if that's possible.**
Könnte ich bitte Frau Ryley sprechen?	**Could I speak to Ms Ryley, please.**
Könnten Sie mich bitte mit Herrn Ramsay verbinden?	**Could you please put me through to Mr Ramsay?**

Ist Herr Tate im Hause?	**Is Mr Tate in?**
Könnte ich ihn mal kurz sprechen? Es ist sehr dringend.	**Could I just have a word with him? It's very urgent.**
Moment, bitte. Ich verbinde.	**One moment, please. I'm putting you through.**
Bitte, bleiben Sie am Apparat. Ich verbinde.	**Please hold the line. I'm putting you through.**
Augenblick, bitte. Ich schaue mal nach, ob er da ist.	**One moment, please. I'll see if he's there.**

Es tut mir Leid. Herr Tate ist heute nicht im Hause. Aber ich kann Sie mit seiner Sekretärin verbinden.

I'm sorry. Mr Tate isn't in today. But I can put you through to his secretary.

Einen Augenblick bitte, ich gebe Ihnen Frau Collins.

One moment, please. I'm putting you through to Ms Collins.

Könnten Sie mich mit der Kundenabteilung verbinden?

Could you put me through to Customer Service?

Ich habe eine Reklamation.

I wish to register a complaint.

Ich bedaure, Sie sind hier mit der Personalabteilung verbunden.

I'm sorry but this is the Personnel Department.

Es tut mir Leid, aber Sie sind hier nicht in der richtigen Abteilung.

I'm sorry but you've got the wrong department here.

Bitte, bleiben Sie am Apparat, ich verbinde Sie mit der zuständigen Abteilung.

Please hold the line. I'm putting you through to the department that deals with this.

Ich verbinde Sie noch mal mit der Zentrale. Dort wird man Sie mit der zuständigen Stelle verbinden.

I'm putting you through to the switchboard again. They'll connect you with the appropriate department.

Der Gesprächspartner ist nicht erreichbar

Herr Collins ist leider im Moment nicht da.	**Unfortunately, Mr Collins isn't here at the moment.**
Herr Collins ist heute Vormittag nicht da.	**Mr Collins isn't in this morning.**
Es tut mir Leid. Herr Collins ist in einer Besprechung.	**I'm sorry. Mr Collins is in a meeting.**

Frau Ramsay spricht gerade.	**Ms Ramsay is on the phone.**
Frau Ramsay spricht gerade auf einer anderen Leitung.	**Ms Ramsay is on another line.**
Ich versuche es noch mal. Ihr Apparat ist immer noch besetzt.	**I'll try again. Her line is still engaged.**
Frau Ramsay ist gerade zum Mittagessen.	**Ms Ramsay has gone to lunch.**
Frau Ramsay ist im Moment nicht an ihrem Platz.	**Ms Ramsay is not at her desk at the moment.**

Herr Goodman meldet sich nicht. Ich kann ihn nicht erreichen. Ich versuche es mal auf einer anderen Leitung. Moment, bitte.	**Mr Goodman isn't answering. I can't get through to him. I'll try on another line. One moment, please.**

Kann ich etwas ausrichten?	**Can I take a message?**
Soll ich ihm etwas ausrichten?	**Shall I give him a message?**

Wollen Sie einen Moment warten?	**Would you like to hold the line for a moment?**
Wollen Sie einen Moment warten oder wollen Sie später noch einmal anrufen?	**Would you like to hold the line for a moment or would you prefer to call back later?**
Soll er Sie zurückrufen?	**Do you want him to call you back?**

Nein, danke. Das ist nicht nötig. Ich rufe morgen noch einmal an.	**No, thanks. It's not necessary. I'll ring him again tomorrow.**
Nein, ich rufe später noch mal an.	**No. I'll ring again later.**
Wissen Sie, wann er wieder da ist?	**Do you know when he'll be back?**
Sie können es in einer halben Stunde noch mal versuchen.	**You could try again in half an hour.**
Danke, ich warte.	**Thank you. I'll hold.**
Dauert das lange? Ich rufe aus Deutschland an.	**Will it be long? I'm ringing from Germany.**
Könnte mir jemand anderes helfen?	**Is there anyone else who could help me?**

Wann kann ich ihn am besten erreichen?	**When would be the best time to contact him?**
Wissen Sie vielleicht, wo ich ihn erreichen kann?	**Do you perhaps know where I can contact him?**
Ich muss ihn unbedingt sprechen. Es ist dringend.	**I really have to talk to him. It's urgent.**

Er hatte mich gebeten, ihn heute Nachmittag zurückzurufen.	**He asked me to ring him this afternoon.**
Könnten Sie mir seine Handynummer geben? Das ist sehr nett von Ihnen.	**Could you give me his mobile number?** **That's very kind of you.**

Es wäre sehr nett, wenn er mich zurückrufen könnte.	**It would be very nice if he would call me back.**
Könnte er mich vielleicht zurückrufen? Das wäre sehr nett.	**Could he perhaps call me back? That would be very nice.**

Gut, ich richte es ihm aus, sobald er zurück ist.	**Right. I'll tell him as soon as he's back.**
Ich werde ihm sagen, dass Sie angerufen haben.	**I'll tell him that you rang.**
Das ist sehr nett von Ihnen. Vielen Dank.	**That's very nice of you. Thank you.**
Gut, ich sage ihm, er soll Sie anrufen, sobald er wieder da ist.	**Right, I'll tell him to ring you as soon as he gets back.**
Ich werde es ihm ausrichten. Selbstverständlich, kein Problem.	**I'll give him your message. Of course. No problem.**

Hat Herr Collins Ihre Nummer?	**Has Mr Collins got your number?**
Wenn Sie mir Ihre Nummer geben, ruft er Sie an, sobald er zurück ist.	**If you give me your number, he'll give you a call as soon as he gets back.**

Eine Nachricht hinterlassen

Könnten Sie ihm etwas ausrichten?	**Could you give him a message?**
Könnten Sie ihm bitte eine Nachricht hinterlassen?	**Could you leave a message for him?**

Könnten Sie ihm ausrichten, dass Herr Klein angerufen hat?	**Could you give him the message that Mr Klein rang?**
Könnten Sie ihm ausrichten, er möge mich bitte zurückrufen? Meine Telefonnummer ist ...	**Could you give him the message that he should call me back? My number is ...**

Um einen Rückruf bitten

Könnte mich Herr Smith zurückrufen?	**Could Mr Smith call me back?**
Könnten Sie Herrn Collins bitten, mich zurückzurufen? Ich bin ab 14 Uhr zu erreichen.	**Could you please ask Mr Collins to call me back? I'll be available from2pm onwards.**
Er kann mich aber auch über Handy erreichen. Soll ich Ihnen meine Handynummer geben?	**He can also contact me on my mobile. Shall I give you my mobile number?**
In Ordnung. Ich habe es notiert. Ich werde es ausrichten.	**Fine. I've written that down. I'll pass on the message.**

Wie man den Gesprächspartner erreichen kann

Könnten Sie mir bitte die Nummer von Herrn Henry nennen?	**Could you please give me Mr Henry's number?**
Können Sie mir seine Durchwahl geben?	**Can you give me his extension number?**

Kann ich ihn über Handy erreichen?	**Can I contact him on his mobile?**
Könnten Sie mir seine Handynummer geben?	**Could you give me his mobile number?**

Wissen Sie, wo ich Frau Goodman erreichen kann? Ich habe sie mehrfach unter ihrer Nummer angerufen, aber es meldet sich niemand.	**Do you know where I can contact Ms Goodman? I've called her number several times but nobody's picked up the phone.**

Wie kann ich Sie erreichen?	**How can I contact you?**
Unter welcher Nummer kann ich Sie am besten erreichen?	**What's the best number to contact you on?**
Wie ist Ihre Durchwahl?	**What extension are you on?**

Könnten Sie mir Ihre Faxnummer nennen?	**Could you give me your fax number?**
Einen Moment. Ich nehme mir etwas zum Schreiben.	**Hang on. I'm just getting something to write with.**

Sie können mir auch eine E-Mail schicken. Hier ist meine E-Mail-Adresse.	**You can also send me an e-mail. Here is my e-mail address.**
Ich bestätige Ihnen die Bestellung per E-Mail.	**I'll confirm your order by e-mail.**
An welche Adresse soll ich diese Unterlagen schicken?	**What address shall I send these documents to?**

Eine Nachricht entgegennehmen

Kann ich etwas ausrichten?	**Can I take a message?**
Soll ich ihm etwas ausrichten?	**Shall I give him a message?**

Soll er Sie zurückrufen?	**Do you want him to call you back?**
Wann würde es Ihnen am besten passen?	**When would suit you best?**
Hat er Ihre Nummer?	**Has he got your number?**

Augenblick bitte, ich hole mir etwas zum Schreiben. ... ... Ich höre.	**One moment, please. I'm just getting something to write with. ... ... Right, I'm listening again.**
Was soll ich notieren?	**What do you want me to write down?**
In Ordnung. Ich habe es notiert.	**All right. I've made a note of that.**

Eine Mitteilung auf Richtigkeit überprüfen

Wie, sagten Sie, ist Ihre Nummer?	**What did you say your number was?**
Wie war noch mal die Vorwahl?	**What was the area code again?**
Könnten Sie das bitte noch mal wiederholen?	**Could you repeat that again, please.**
Einen Augenblick, bitte. Ich möchte mir das aufschreiben.	**One moment, please. I'd like to note that down.**

Ich weiß nicht, ob ich das richtig notiert habe. Ich wiederhole noch mal.	**I don't know if I've written that down correctly. I'll read it out to you.**
Darf ich Ihnen noch mal vorlesen, was ich notiert habe? Ist das so richtig?	**Can I read back to you what I've written down here? Is that correct?**
Ja, das ist richtig.	**Yes, that's correct.**

Jemanden zurückrufen

Hier ist Bauer. Ich sollte Sie zurückrufen.	**My name is Bauer. I was supposed to call you back.**
Weber am Apparat. Sie baten mich um einen Rückruf.	**Weber speaking. You asked me to return your call.**

Sie haben mich heute Morgen leider nicht erreicht.	**Unfortunately you weren't able to get hold of me this morning.**
Es tut mir Leid, dass Sie mich heute Vormittag nicht erreicht haben.	**I'm sorry that you were unable to get hold of me this morning.**

Ich habe Ihre Nachricht auf dem Anrufbeantworter vorgefunden.	**I got your message on the answering machine.**
Ich habe Ihre Nachricht auf meiner Mailbox vorgefunden.	**I got your message on my voicemail.**

Einen Anruf erhalten

Novoplan. Guten Morgen.	**Good morning. This is Novoplan.**
Datex. Guten Tag. Sie sprechen mit Sylvia Berger.	**Good afternoon. This is Datex. You're speaking to Sylvia Berger.**
Was kann ich für Sie tun?	**How can I help you?**
Womit kann ich Ihnen dienen?	**How may I be of service?**
Darf ich fragen, um was es geht?	**May I enquire what it's about?**

Welche Firma sind Sie?	**What is the name of your company?**
Ich habe nicht richtig verstanden. Wie heißt bitte Ihre Firma?	**I didn't quite catch that. What did you say the name of your company was, please?**

Wen darf ich bitte melden?	**Who should I say is calling?**
Dürfte ich um Ihren Namen bitten?	**May I ask for your name, please?**
Und wie ist bitte Ihr Name?	**And what is your name, please?**
Sie möchten Herrn Berger sprechen? Einen Augenblick bitte, ich verbinde.	**You'd like to speak to Mr Berger? One moment, please. I'm putting you through.**

Das ist nett, dass Sie anrufen.	**How nice of you to ring.**
Ich habe schon auf Ihren Anruf gewartet.	**I've been expecting your call.**
Schön, dass Sie zurückrufen. Wie geht es Ihnen?	**How nice of you to return my call. How are you?**

Nein, nein Sie stören überhaupt nicht.	**No, no. You're not interrupting at all.**
Wir haben lange nichts mehr voneinander gehört.	**We haven't heard from each other for ages.**
Von wo aus rufen Sie an?	**Where are you calling from?**
Soll ich Sie zurückrufen?	**Shall I ring you back?**

Einen Rückruf erhalten

Vielen Dank, dass Sie mich zurückrufen.	**Thanks for ringing me Back.**

Vielen Dank für Ihren Rückruf.

Thanks for returning my call.

Schön, dass Sie zurückrufen.

How nice of you to return my call.

Ich hatte heute Morgen schon ein Mal versucht, Sie zu erreichen.

I already tried to contact you once this morning.

Ich würde gerne mit Ihnen noch mal über unser Projekt sprechen.

I'd like to discuss our project with you again.

Hätten Sie jetzt Zeit, dass wir noch mal ausführlich über alles sprechen können?

Would you have the time now for us to discuss everything in detail again?

Verständigungsschwierigkeiten

Entschuldigen Sie. Ich verstehe Sie nicht. Die Verbindung ist schlecht.

Excuse me. I can't follow what you're saying. This is a bad line.

Wie bitte? Ich habe Sie nicht richtig verstanden.

Pardon? I didn't quite catch that.

Entschuldigen Sie, ich höre Sie sehr schlecht.

I'm sorry. I can't hear you very well.

Ich verstehe Sie sehr schlecht.

I can't follow what you're saying.

Ich kann Sie kaum verstehen.

I can hardly make out what you're saying.

Könnten Sie das bitte noch einmal wiederholen?

Could you repeat that again, please?

Könnten Sie bitte etwas lauter sprechen?	**Could you speak a bit louder, please?**
Könnten Sie bitte etwas langsamer sprechen?	**Could you speak a little more slowly, please?**
Können Sie das bitte buchstabieren?	**Could you spell that, please?**

Da ist jemand in der Leitung.	**There's someone else on the line.**
Die Verbindung ist so schlecht. Ich wähle noch mal neu.	**This line is so bad. I'll dial up again.**
Wir waren unterbrochen worden.	**We were interrupted.**

Sich bedanken, das Telefonat beenden

Ich danke Ihnen vielmals. Auf Wiederhören.	**Thank you so much. Goodbye.**
Haben Sie vielen Dank für Ihre Auskunft.	**Many thanks for the information.**
Ich danke Ihnen vielmals für Ihre freundliche Hilfe.	**I am very grateful for your kind assistance.**
Vielen Dank dafür, dass Sie mir so nett geholfen haben. Auf Wiederhören.	**Thank you for having been so helpful. Goodbye.**

Ich danke Ihnen vielmals. Das ist sehr nett von Ihnen. Auf Wiederhören.	**Thank you very much. That's very kind of you. Goodbye.**

Vielen Dank. Und entschuldigen Sie die Störung.	**Thank you. And please excuse the interruption.**
Vielen Dank für Ihren Anruf.	**Many thanks for your call.**

Ich werde mich nächste Woche wieder melden.

I'll ring you again next week.

Gut, in Ordnung, ich werde das veranlassen.

Right. OK. I'll arrange that.

Gut, ich werde Ihnen das per E-Mail bestätigen.

Right, I'll confirm that by e-mail.

5

Konkrete Telefonkontakte

Freundlicher Beginn des Telefongesprächs
Sich entschuldigen
Sich verwählen
Telefonat zum unpassenden Zeitpunkt.
Ein privates Telefonat führen
Warteschleife
Ansage des Anrufbeantworters
Englisches Buchstabieralphabet

Freundlicher Beginn des Telefongesprächs

Ich hoffe, ich störe nicht.

I hope I'm not interrupting anything.

Haben Sie einen Moment Zeit für mich oder soll ich später noch mal anrufen?

Can you spare me a few moments or should I call back later?

Ich habe gedacht, ich rufe Sie mal an.

I thought I'd just give you a call.

Ich wollte mich mal wieder melden.

I wanted to get in touch again.

Wir haben ja schon lange nichts mehr voneinander gehört.

We haven't been in touch with each other for quite a while.

Wie geht es Ihnen?

How are you?

Gut, dass ich Sie erreiche. Ich habe schon mehrfach versucht, Sie zu erreichen. Es war leider immer besetzt.

I'm glad I've got through to you. I've tried to contact you several times but your line was always engaged.

Sich entschuldigen

Entschuldigen Sie, dass ich Sie in Ihrer Besprechung störe.

I'm sorry to interrupt you while you're in a meeting.

Entschuldigen Sie, dass ich gestern nicht zurückgerufen habe.

I'm sorry that I didn't get return your call yesterday.

Entschuldigen Sie, dass ich Sie habe warten lassen.	**Please excuse me for having kept you waiting.**
Entschuldigen Sie, dass ich Sie unterbreche.	**I'm sorry for interrupting.**
Darf ich Sie mal unterbrechen?	**May I interrupt here?**
Darf ich mal etwas dazu sagen?	**Can I just make a point here?**
Entschuldigen Sie. Darf ich Sie mal etwas fragen?	**Excuse me. May I ask a question?**

Sich verwählen

Hier ist Berger. Spreche ich mit Frau Collins?	**Berger speaking. Is that Ms Collins?**
Ist dort nicht die Nummer 020-7543-21..?	**Is that 020-7543-21..?**
Ich habe die Nummer 020-7543-21.. gewählt.	**I thought I'd dialled 020-7543-21..**
Oh, entschuldigen Sie. Dann habe ich mich verwählt.	**Oh, sorry. I must have dialled the wrong number then.**
Entschuldigen Sie bitte die Störung.	**I'm sorry to have bothered you.**
Auf Wiederhören. Entschuldigen Sie noch einmal.	**Goodbye. Please excuse me once again.**

Es tut mir Leid. Hier ist nicht die Firma ALDAC.	**I'm sorry. This is not ALDAC.**
Sie haben eine falsche Nummer gewählt.	**You've got the wrong number.**
Welche Nummer haben Sie gewählt?	**What number did you dial?**
Nein, da liegt ein Irrtum vor. Hier ist die Nummer 76 54 32 10.	**No, there's been a mistake. This is 76 54 32 10.**

Telefonat zum unpassenden Zeitpunkt

Es tut mir Leid, ich habe nicht viel Zeit. Könnten Sie mich später noch einmal zurückrufen?	**I'm sorry. I don't have much time. Could you call me back later?**
Ich kann im Augenblick nicht sprechen. Ich bin mitten in einer Sitzung. Ich rufe Sie später zurück.	**I can't talk at the moment. I'm in the middle of a meeting. I'll call you back later.**
Es tut mir Leid, aber ich muss jetzt Schluss machen. Ich bekomme Besuch.	**I'm sorry but I've got to hang up now. I've got someone coming to see me.**
Wir müssen es leider kurz machen, ich habe gleich noch eine Besprechung. Kann ich Sie heute Abend zurückrufen? Dann habe ich mehr Zeit.	**We'll have to keep it short. I've got another appointment in a few minutes. Can I give you a call this evening? I'll have more time then.**

Ein privates Telefonat führen

Hier ist Martina.	**It's Martina here.**
Ich bin's, Martina.	**It's me, Martina.**
Bist du's, Caren?	**Is that you Caren?**
Schön, dass du anrufst.	**Nice of you to ring.**

Schön, dass ich wieder etwas von dir höre.	**How lovely to hear from you again.**
Ich habe schon ewig lange nichts mehr von dir gehört.	**I haven't heard from you for ages.**
Wir haben schon lange nichts mehr voneinander gehört.	**We haven't heard from each other in such a long time.**
Wie geht es dir?	**How are you?**

Störe ich?	**Is it inconvenient?**
Bist du alleine?	**Are you alone?**
Hast du Besuch?	**Have you got anyone with you?**
Ich kann dich heute Abend noch einmal anrufen, wenn du willst.	**I can ring again this evening if you like.**

Ist William da?	**Is William there?**
Ich möchte gerne William sprechen.	**I'd like to talk to William.**
Könnte ich mal mit William sprechen?	**Could I have a word with William?**
Moment, ich rufe ihn.	**Hang on. I'll get him.**

Ich sehe mal nach, ob er da ist. Augenblick, er kommt sofort.	**I'll just see if he's there. One moment. He's on his way.**

Nun, dann wollen wir mal Schluss machen.	**Right then. I suppose we'd better bring this call to a close.**
Es hat mich sehr gefreut, dass wir mal wieder miteinander geschwätzt haben.	**I'm so pleased that we were able to talk to each other once again.**
Mach's gut! Lass mal wieder etwas von dir hören.	**Take care! And ring me again some time.**
Ich rufe dich bald wieder an.	**I'll call you again soon.**
Ich rufe dich mal wieder an.	**I'll give you another call some time.**
Ich würde mich freuen, bald wieder was von dir zu hören.	**I'd be delighted to hear from you again quite soon.**

Warteschleife

Leider sind alle Leitungen besetzt.	**All our operators are currently busy.**
Bitte haben Sie etwas Geduld. Wir werden Sie mit dem nächsten freien Platz verbinden.	**Please continue to hold and your call will be answered as soon as an agent is available.**
Bitte warten Sie!	**Please hold.**

Ansage des Anrufbeantworters

Hier ist der Anrufbeantworter
  von Steven Morris.

Falls Sie eine Nachricht
  hinterlassen wollen, sprechen
  Sie bitte nach dem Signalton.
Ich rufe Sie so bald wie möglich
  zurück.

**This is Steven Morris.
I'm unable to take your
  call at the moment.
But if you'd like to leave
  a message, please
  speak after the tone.
I'll get back to you
  as soon as I can.**

Internationales Buchstabieralphabet

A	– Alfa	**J**	– Juliett	**S**	– Sierra
B	– Bravo	**K**	– Kilo	**T**	– Tango
C	– Charlie	**L**	– Lima	**U**	– Uniform
D	– Delta	**M**	– Mike	**V**	– Victor
E	– Echo	**N**	– November	**W**	– Whisky
F	– Foxtrot	**O**	– Oscar	**X**	– X-ray
G	– Golf	**P**	– Papa	**Y**	– Yankee
H	– Hotel	**Q**	– Québec	**Z**	– Zoulou
I	– India	**R**	– Romeo		

6

Mustertelefonate

Ein Hotelzimmer buchen
Ein Ferienhaus mieten
Einen Flug buchen
Ein Auto mieten
Ein Treffen vereinbaren
Lieferprobleme
Eine Rechnung reklamieren
Anruf wegen eines Arzttermins
Ein privates Telefongespräch
Auf den Anrufbeantworter sprechen

Ein Hotelzimmer buchen

Rodney Hotel *(H)*, Herr Schmidt *(S)*

H: Rodney Hotel. Guten Morgen.

S: Guten Morgen. Hier ist Herr Schmidt. Ich rufe aus Deutschland an.
Ich habe Ihre Anzeige im Internet gefunden.
Ich möchte gern ein Doppelzimmer reservieren.
Das ist für drei Nächte, vom 7. – 10 April.

H: Moment, bitte. Ich schau mal nach.
... Ja, das geht.

S: Wie teuer ist das Zimmer?

H: £50.

S: Ist das mit Frühstück?

H: Nein, das Frühstück, das macht £13 zusätzlich.

S: Gut. Ich nehme das Zimmer.

H: Auf welchen Namen ist das?

S: Das ist auf den Namen Schmidt.

H: Entschuldigung, ich habe Ihren Namen nicht verstanden.
Können Sie bitte buchstabieren?

S: Das schreibt sich S-C-H-M-I-D-T.

H: Um die Reservierung vorzunehmen, brauche ich Ihre Kreditkartennummer.

S: Das ist eine VISA-Card. Die Nummer ist 2847 1106 ...

H: Gut. ... Wann ist Ihre Ankunft?

S: Ich weiß noch nicht.

H: Bitte beachten Sie, dass Ihre Ankunft vor 19 Uhr erfolgen muss. Sonst kann ich Ihnen das Zimmer nicht zurückhalten.

S: Das ist in Ordnung. Also dann, auf Wiederhören..

H: Auf Wiederhören, und gute Reise!

S: Danke.

Booking a hotel room

Rodney Hotel *(H)*, Herr Schmidt *(S)*

H: **Rodney Hotel. Good morning.**

S: **Good morning. This is Mr Schmidt. I'm ringing from Germany.**
I found your advert on the Internet.
I'd like to reserve a double room.
That's for three nights, from 7th to 10th April.

H: **One moment please. I'll just have a look.**
... Yes, that will be fine.

S: **What does the room cost?**

H: **£50.**

S: **Is breakfast included?**

H: **No, breakfast will be £13 extra.**

S: **Right. I'll take the room.**

H: **What name shall I put down?**

S: **The name is Schmidt.**

H: **Sorry, I didn't quite catch your name.**
Could you spell that, please?

S: **It's S-C-H-M-I-D-T.**

H: **To make the reservation I'll need your credit card number.**

S: **It's a VISA card. The number is 2847 1106 ...**

H: **Fine. ... What time will you be arriving?**

S: **I'm not able to say yet.**

H: **Please be aware that you need to arrive before 7 pm otherwise I won't be able to keep the room for you.**

S: **Ok. I understand. Well then. Goodbye..**

H: **Goodbye. And safe journey!**

S: **Thanks.**

Ein Ferienhaus mieten

Mr/Ms Lanivet *(L)*, Frau Klein *(K)*

L: Hallo?

K: Guten Morgen. Spreche ich mit Herrn Lanivet?

L: Ja, am Apparat.

K: Hier ist Frau Klein. Ich rufe an wegen Ihres Ferienhauses in Cornwall. Ich habe Ihre Anzeige in der „Reisewelt" gefunden.

L: Ja.

K: Ich möchte mal nachfragen, ob ich dieses Haus für drei Wochen mieten kann. Das ist vom 4. – 25. September.

L: Meine Frau ist dafür zuständig.
Aber sie ist leider im Moment nicht da.
Könnten Sie bitte in einer Viertelstunde noch mal anrufen?
... Ah, da kommt sie ja gerade!
Moment, bitte. Ich rufe sie.

(Einige Augenblicke später)

L: Hallo?

K: Guten Morgen.

L: Guten Morgen. Mein Mann hat mir schon gesagt, um was es geht. Wegen der Reservierung gibt es keine Probleme.

K: Ah. Das ist ja sehr schön. Und wie teuer das ist?

L: Das macht £330 die Woche.

K: Das ist in Ordnung. Das Einfachste ist, ich faxe Ihnen meinen Namen und meine Anschrift durch.

L: Ah ja, gerne. Haben Sie unsere Faxnummer?

K: Ja. Könnten Sie mir die Buchung des Ferienhauses per Fax bestätigen?

L: Ja klar.

K: Das ist sehr nett. Vielen Dank. Auf Wiederhören.

L: Auf Wiederhören.

Renting a holiday home

Mr/Ms Lanivet *(L)*, Frau Klein *(K)*

L: **Hello?**

K: **Good morning. Is that Mr Lanivet?**

L: **Yes. Speaking.**

K: **This is Ms Klein. I'm ringing about your holiday home in Cornwall. I found your advert in 'Reisewelt' magazine.**

L: **Yes.**

K: **I'd like to enquire whether I can rent the house for three weeks. That's from 4th to 25th September.**

L: **My wife looks after this.**
But she's not here at the moment.
Could you ring back in a quarter of an hour?
... Oh, she's just coming!
One moment please. I'll call her.

(A few moments later)

L: **Hello?**

K: **Good morning.**

L: **Good morning. My husband has just told me what it's about. There'll be no problem with your booking.**

K: **Ah. That's marvellous. And what's the price?**

L: **It's £330 per week.**

K: **That's fine. The simplest thing for me to do is fax you my name and address.**

L: **Yes. Please do. Have you got our fax number?**

K: **Yes. Could you confirm the booking for the holiday home by fax?**

L: **Of course.**

K: **That's very kind of you. Many thanks. Goodbye.**

L: **Goodbye.**

Einen Flug buchen

Frau Steffen, aus Dresden, arbeitet zur Zeit in Liverpool.
Sie ruft ein Reisebüro an, um einen Flug zu buchen.

Intertravel *(I)*, Frau Steffen *(S)*

I: Intertravel. Guten Tag. Was kann ich für Sie tun?

S: Guten Tag. Ich rufe an wegen eines Flugs nach Berlin.

I: Bleiben Sie bitte am Apparat. Ich verbinde Sie mit der zuständigen Abteilung. ...

(Einen Augenblick später)

I: Guten Tag. Womit kann ich Ihnen dienen?

S: Guten Tag. Hier ist Sylvia Steffen.
Es geht um einen Flug nach Berlin.
Ich möchte Mittwoch Vormittag fliegen.

I: Einen Augenblick. Ich schaue mal nach. ...
Es tut mir Leid. Für Mittwoch Vormittag sind alle Flüge ausgebucht.

S: Und wie ist es am Nachmittag? Geht es da?

I: Um 15.45 Uhr gibt es einen Flug mit British Airways.
Würde das Ihnen passen?

S: Ja, kein Problem.

I: Das Ticket kostet £95.

S: Das ist in Ordnung.

I: Das ist auf welchen Namen?

S: Auf den Namen Steffen.

I: Gut. Ich habe alles notiert. Sie können Ihr Ticket hier im Reisebüro abholen, wann Sie wollen.

S: Ja, gut. Vielen Dank. Auf Wiederhören.

I: Auf Wiederhören, und vielen Dank.

Booking a flight

Frau Steffen from Dresden is currently working in Liverpool. She rings a travel agent to book a flight.

Intertravel *(I)*, Frau Steffen *(S)*

I: **Intertravel. Good afternoon. How may I help you?**

S: **Good afternoon. I'm ringing about a flight to Berlin.**

I: **Please hold the line. I'll put you through to the right department. ...**

(A moment later)

I: **Good afternoon. How can I help you?**

S: **Good afternoon. My name is Sylvia Steffen.
It's about a flight to Berlin.
I want to go on Wednesday morning.**

I: **One moment. I'll just have a look. ...
I'm sorry. All the flights for Wednesday morning are fully booked.**

S: **How about the afternoon? Have you anything then?**

I: **There's a British Airways flight at 15.45.
Would that be all right for you?**

S: **Yes, no problem.**

I: **The price is £95.**

S: **That's fine.**

I: **On what name shall we book it for?**

S: **Steffen.**

I: **Thank you. I've entered all your details. You can collect your ticket from this office whenever you like.**

S: **Very well. Many thanks. Goodbye.**

I: **Thank you. Goodbye.**

Ein Auto mieten

Herr Berger ruft eine Autovermietung in Edinburgh an.

Mercury *(M)*, Herr Berger *(B)*, M. Peters *(P)*

M: Autovermietung Mercury. Guten Morgen.

B: Guten Morgen. Ich möchte ein Auto mieten.

M: Bleiben Sie bitte am Apparat. Ich verbinde Sie
mit Herrn Peters ... Hören Sie? Herr Peters spricht gerade.
Wollen Sie einen Moment warten oder soll er Sie
zurückrufen?

B: Nein, danke. Das ist nicht nötig.
Ich rufe später noch einmal an. Auf Wiederhören.

M: Auf Wiederhören.

Zweiter Anruf

P: Guten Tag.

B: Guten Tag. Spreche ich mit Herrn Peters?

P: Ja, am Apparat.

B: Ich möchte ein Auto mieten. Für drei Tage.
Ich hätte gern mal gewusst, wie teuer das ist.

P: Das kommt auf den Wagen an. Was für einen Wagen
möchten Sie denn haben?

B: Einen Mittelklassewagen. Könnten Sie mir bitte hierzu
einige Preisangaben machen?

P: Es ist etwas schwierig, Ihnen das alles am Telefon zu sagen.
Das hängt ganz vom Modell ab, verstehen Sie.
Das Beste wäre, Sie kommen einmal bei uns vorbei.

B: Gut. Ich komme heute Nachmittag einmal vorbei.
Auf Wiederhören.

P: Auf Wiederhören.

Hiring a car

Mr Berger is ringing a car hire company in Edinburgh.

Mercury *(M)*, Mr Berger *(B)*, Mr Peters *(P)*

M: **Mercury Car Hire. Good morning.**

B: **Good morning. I'd like to hire a car.**

M: **Hold the line, please. I'll put you through to Mr Peters.
… Are you there? Mr Peters is on the other line.
Do you want to hold or shall I get him
to call you back?**

B: **No thanks. That won't be necessary.
I'll call again later. Goodbye.**

M: **Goodbye.**

Second phone call

P: **Good afternoon.**

B: **Good afternoon. Is that Mr Peters?**

P: **Yes. Speaking.**

B: **I'd like to hire a car for three days.
Can you tell me how much that would cost?**

P: **It depends on the vehicle. What sort of vehicle did you
have in mind?**

B: **A mid-range vehicle. Could you please quote me some
prices.**

P: **It's a bit difficult to do that over the phone.
It all depends on the model, you see.
The best thing would be for you to come round here.**

B: **Right. I'll pop in this afternoon.
Goodbye.**

P: **Goodbye.**

Ein Treffen vereinbaren

Anruf von Ralf Sommer bei der Firma MIVAC
in Edinburgh.

MIVAC *(M)*, M. Sommer *(S)*, M. Vanton *(V)*

M: MIVAC. Guten Tag.

S: Guten Tag. Hier ist Sommer. Ich würde gern Herrn
Vanton sprechen, wenn das möglich ist.

M: Es tut mir Leid. Herr Vanton ist in einer Besprechung.

S: Könnten Sie ihm ausrichten, dass Herr Sommer, von der
Firma OKRA, angerufen hat? Es wäre sehr nett,
wenn Herr Vanton mich zurückrufen könnte.
Er hat meine Nummer.

M: In Ordnung. Ich werde es ausrichten.

S: Das ist sehr nett von Ihnen. Vielen Dank. Auf Wiederhören.

Rückruf

(Zwei Stunden später klingelt bei Herrn Sommer das Telefon.)

S: Ja, bitte?

V: Hier ist Michael Vanton.

S: Ah! Guten Tag, Herr Vanton. Vielen Dank, dass Sie mich
zurückrufen. Es geht um unser Treffen am Donnerstag.
Es tut mir wirklich Leid, aber ich muss das Treffen leider
absagen. Es ist mir etwas dazwischengekommen.

V: Och, das macht nichts. Wir können uns ein anderes Mal
treffen, kein Problem.

S: Wie wäre es mit Dienstag, um 16 Uhr?

V: Ja, das passt mir sehr gut.

S: Also dann bis Dienstag, um 16 Uhr, im Restaurant
„Bonnie Prince Charlie". Und nochmals vielen Dank für
den Anruf.

Arranging a meeting

Ralf Sommer is ringing a company called MIVAC in Edinburgh.

MIVAC *(M)*, Mr Sommer *(S)*, Mr Vanton *(V)*

M: **MIVAC. Good afternoon.**

S: **Good afternoon. My name is Sommer. I'd like to speak to Mr Vanton if that's convenient.**

M: **I'm sorry. Mr Vanton is in a meeting.**

S: **Could you give him the message that Mr Sommer from OKRA rang? I'd be pleased if Mr Vanton would call me back.**
He's got my number.

M: **Certainly. I'll let him know.**

S: **That's very kind of you. Thank you. Goodbye.**

Return call

(Two hours later Mr Sommer's phone rings.)

S: **Hello.**

V: **This is Michael Vanton.**

S: **Oh, hello Mr Vanton. Thank you for returning my call. It's about our meeting on Thursday.**
I'm terribly sorry but I've got to cancel it.
Something else has come up in the meantime.

V: **Oh, it doesn't matter. We can meet another time. No problem.**

S: **How about Tuesday at 4pm?**

V: **Yes. That would suit me fine.**

S: **Right then. I'll see you on Tuesday at 4pm in the 'Bonnie Prince Charlie'. And once again, thanks for calling.**

Lieferprobleme

Frank Weber, Student in London, wartet auf die Lieferung eines Telefons, das er vor zehn Tagen bestellt hatte.
Er erkundigt sich bei der Firma OFFICETEC nach seiner Bestellung.

OFFICETEC *(O)*, Frank Weber *(W)*, Mr Brody *(B)*

O: OFFICETEC. Guten Tag.

W: Guten Tag. Hier ist Frank Weber. Ich rufe an wegen einer Bestellung. Es handelt sich um das Telefon Octran 12.

O: Moment bitte, ich verbinde Sie mit Herrn Brody.
(Kurz darauf)
Es tut mir Leid, Herr Brody meldet sich nicht.
Er ist bestimmt zu Tisch gegangen.

W: Wissen Sie, wann er wieder zurück ist?

O: Sie können es in einer halben Stunde noch mal versuchen.
Ah, ich höre gerade, dass er schon zurück ist.
Augenblick bitte, ich stelle durch.

B: Guten Tag.

W: Guten Tag. Hier ist Frank Weber. Ich rufe an wegen einer Online-Bestellung. Es geht um das Telefon Octran 12.
Ich habe es schon vor zehn Tagen bestellt, aber bis jetzt habe ich es noch nicht bekommen.

B: Wie war noch mal bitte Ihr Name?

W: Weber. Das schreibt sich W wie Whisky, E, B, E, R.

B: Bleiben Sie bitte am Apparat. Ich will mal nachsehen....
Ja. Ich habe Ihre Bestellung vor mir liegen.
Dieser Artikel kann erst nächste Woche geliefert werden.
Es tut mir Leid!

W: Das ist sehr schade! Aber da kann man nichts machen.
Ja, gut. Dann auf Wiederhören.

B: Auf Wiederhören.

Problems with delivery

Frank Weber, a student in London, is waiting for the
delivery of a phone which he ordered ten days ago.
He rings OFFICETEC to find out how his order
is progressing.

OFFICETEC *(O)*, Frank Weber *(W)*, Mr Brody *(B)*

O: **Hello. This is OFFICETEC.**

W: **Good afternoon. My name is Frank Weber.**
   I'm ringing about an order. It's the Octran 12 telephone.

O: **One moment please. I'll put you through to Mr Brody.**
   (Short pause)
   I'm sorry. Mr Brody isn't answering.
   He's almost certainly out to lunch.

W: **Do you know when he'll be back?**

O: **You could try again in half an hour.**
   Ah, I can hear that he's just got back.
   One moment please. I'll put you through.

B: **Good afternoon.**

W: **Good afternoon. This is Frank Weber. I'm ringing about**
   an order I placed over the Internet. It's for the
   Octran 12 telephone.
   I ordered it ten days ago but I haven't received it yet.

B: **What was your name again?**

W: **Weber. Spelt Whisky – Echo – Bravo – Echo – Romeo.**

B: **Please hold the line. I'll just have a look.**
   Yes. I'm looking at your order now.
   We can't deliver this item until next week.
   I'm very sorry.

W: **That's a pity. Ah, well. I suppose there's nothing that**
   can be done. All right, then. Goodbye.

B: **Goodbye.**

Eine Rechnung reklamieren

Christian Tappe ruft bei einem englischen Online-Buchhändler an.

NETBOOKS *(N)*, Christian Tappe *(T)*, Adam Barnes *(B)*

N: NETBOOKS. Guten Tag.

T: Guten Tag. Könnten Sie mich bitte mit der Buchhaltung verbinden?

N: Darf ich fragen, um was es geht?

T: Es geht um die Reklamation einer Rechnung.

N: Einen Augenblick, ich verbinde.

B: Buchhaltung. Sie sprechen mit Adam Barnes. Guten Tag.

T: Guten Tag. Hier ist Christian Tappe.
Ich rufe an wegen Ihrer Rechnung Nr. 6487.
Ich habe da einen Fehler festgestellt.

B: Ah ja? Wie war noch mal bitte Ihr Name?

T: Tappe. Das schreibt sich T, A, P, P, E.

B: Einen Augenblick, bitte. Ich sehe mal nach....
Ja. ... Ich habe Ihre Rechnung auf meinem Bildschirm.

T: Ich habe ein Exemplar des Buchs „Eine kurze Geschichte der Zeit" bestellt. Aber auf Ihrer Rechnung haben Sie mir zwei Exemplare berechnet.

B: Ah ja, ich sehe. Da hat es wohl ein Versehen bei der Rechnungslegung gegeben. Das ist wirklich bedauerlich. Ich kümmere mich umgehend um die Regelung dieser Angelegenheit. Der Betrag in Höhe von £ 21 wird Ihrem Konto sofort gutgeschrieben.

T: Das ist in Ordnung.

B: Nochmals Entschuldigung für dieses Versehen.
Auf Wiederhören.

T: Auf Wiederhören.

Complaining about an invoice

Christian Tappe is ringing a British online book retailer.

NETBOOKS *(N)*, Christian Tappe *(T)*, Adam Barnes *(B)*

N: **NETBOOKS. Good afternoon.**

T: **Good afternoon. Could you please put me through to accounts?**

N: **May I enquire what it's about?**

T: **I have a query about an invoice.**

N: **One moment. I'll put you through.**

B: **Accounts. Adam Barnes speaking. Good afternoon.**

T: **Good afternoon. My name is Christian Tappe. I'm ringing about your invoice No. 6487. I've noticed a mistake.**

B: **Really? What was your name again?**

T: **Tappe. Spelt tango – alpha – papa – papa – echo.**

B: **One moment please. I'll just have a look. ... Yes. ... I've got your details up on screen.**

T: **I ordered a copy of 'A Brief History of Time'. But on your invoice you've charged me for two copies.**

B: **Yes, you're quite right. There must have been an error drawing up your bill. This is most regrettable. I will personally see that this error is rectified immediately. The sum of £21 will be credited to your account with immediate effect.**

T: **That's fine then.**

B: **Once more, my apologies for this error. Goodbye.**

T: **Goodbye.**

Anruf wegen eines Arzttermins

Brigitte Lambert ist bei ihrer Schwester in Manchester in Ferien.
Sie fühlt sich nicht wohl und ruft bei einem Arzt an.

Praxis Dr. Perks *(P)*, Brigitte Lambert*(L)*

P: Praxis Dr. Perks. Guten Morgen.

L: Guten Morgen. Hier spricht Brigitte Lambert. Ich hätte gerne
einen Sprechstundentermin bei Herrn Dr. Perks. Wäre das
heute Nachmittag möglich?

P: Das tut mir Leid. Herr Doktor hat heute Nachmittag
keine Sprechstunde.

L: Und Montag Morgen, geht das?

P: Ich ...... sehr. Herr Dr. ...... Urlaub.

L: Entschuldigen Sie. Ich habe Sie nicht verstanden.
Die Verbindung ist schlecht.
Könnten Sie bitte noch einmal wiederholen?

L: Unsere Praxis ist ab Montag geschlossen. Herr Dr. Perks
ist in Urlaub.

L: Oh, das ist aber ärgerlich! Was soll ich denn jetzt machen?

P: Sie könnten sich an Herrn Dr. Taylor wenden.
Er macht die Vertretung von Herrn Dr. Perks.
Ich kann Ihnen seine Nummer geben, wenn Sie möchten.

L: Ja, das wäre sehr nett. Moment bitte, ich nehme mir
etwas zum Schreiben. ...
Ja. ... Ich höre.

P: Das ist 0161 84 46 13 ..

L: Ich weiß nicht, ob ich das richtig notiert habe.
Ich wiederhole noch mal: 0161 84 46 13 ..

P: Ja, richtig.

L: Haben Sie vielen Dank. Auf Wiederhören.

P: Auf Wiederhören.

Ringing to make a doctor's appointment

Brigitte Lambert is on holiday at her sister's in Manchester. She feels unwell and rings a GP.

Receptionist at Dr Perks' surgery *(P)*, Brigitte Lambert*(L)*

P: **Dr Perks' surgery. Good morning.**

L: **Good morning. This is Brigitte Lambert. I'd like an appointment with Dr Perks. Would it be possible to see him this afternoon?**

P: **I'm sorry. The doctor doesn't hold a surgery this afternoon.**

L: **How about Monday morning?**

P: **I'm very ….. Dr …… holiday.**

L: **I'm sorry. I didn't quite catch that. The line is bad. Could you please repeat that?**

L: **The surgery will be closed from Monday. Dr Perks is on holiday.**

L: **Oh, how annoying. What should I do now?**

P: **You could see Dr Taylor. He's covering for Dr Perks while he's away. I can give you his number if you like.**

L: **Yes, that would be very kind of you. One moment please. I'll just get something to write with. … Right. … I'm listening.**

P: **The number is 0161 84 46 13 ..**

L: **I don't know if I've written that down correctly. I'll read it back to you. 0161 84 46 13 ..**

P: **Yes, that's correct.**

L: **Thank you. Goodbye.**

P: **Goodbye.**

Ein privates Telefongespräch

Thomas Bussmann arbeitet in der Filiale einer deutschen Großbank in London. Er ruft seinen Freund Michael Leroy an.

Michael Leroy *(M)*, Thomas Bussmann *(T)*

M: Ja, bitte?

T: Bist du es, Michael? Hier ist Thomas.

M: Ja, grüß dich! Schön, dass du anrufst.

T: Es war gar nicht so leicht, dich zu erreichen. Ich habe dich mehrmals vergeblich angerufen.

M: Es tut mir Leid. Ich bin auf einem Kongress in Paris.

T: Deine Mutter hat es mir gesagt. Ich habe sie angerufen. Sie hat mir deine Handynummer gegeben.

M: Ach ja?

T: Hör mal, Michael. Warum ich dich anrufe? Es gibt da ein kleines Problem. Ich kann am Mittwochabend nicht zu deiner Party kommen. An diesem Abend ist ein Treffen der Mitarbeiter meiner Bank. Das habe ich ganz vergessen. Ich muss da unbedingt hingehen.

M: Das ist sehr schade! Da kann man nichts machen.

T: Das tut mir wirklich Leid.... Na, dann wünsche ich euch eine schöne Party.
A propos. Wir haben schon lange nicht mehr zusammen zu Abend gegessen.

M: Das stimmt.

T: Wir machen am besten sofort einen Termin aus.

M: Ah, ich weiß nicht recht. Ich bin im Moment ziemlich beschäftigt.

T: Dann ruf mich an, wenn du Zeit hast.

M: Ja gut. Dann bis bald!

T: Bis bald!

Private phone call

Thomas Bussmann works in the branch office of a major German bank in London. He rings his friend Michael Leroy.

Michael Leroy *(M)*, Thomas Bussmann *(T)*

M: Hello?

T: Is that you, Michael? This is Thomas.

M: Hi, Thomas. Nice of you to ring.

T: It wasn't at all easy getting hold of you. I've rung you several times but not got through.

M: I'm sorry about that. I'm at a conference in Paris.

T: Your mother told me. I rang her up.
She gave me your mobile number.

M: Did she?

T: Listen, Michael. The reason I'm ringing is that there's a slight problem. I can't come to your party on Wednesday evening. There's an all staff meeting at my bank on that evening. I'd completely forgotten. I've simply got to go to it.

M: That's a pity. But never mind. It doesn't matter.

T: I'm really sorry. ... Well, anyway, I hope you all enjoy the party.
By the way. We haven't had dinner together for ages.

M: That's right.

T: We'd better arrange a date right now.

M: I'm not sure I can. I'm quite busy at the moment.

T: Well, give me a call when you've got time.

M: Will do. See you soon, then.

T: Yes, see you soon.

Auf den Anrufbeantworter sprechen

Nachricht von Frau Fuchs

(Anrufbeantworter von Harry und Caren Goodman)

Hier ist der Anrufbeantworter von Harry und Caren Goodman. Wir sind im Augenblick nicht erreichbar. Aber Sie können uns eine Nachricht hinterlassen. Nennen Sie nach dem Signalton Ihren Namen und Ihre Telefonnummer. Wir rufen Sie so bald wie möglich zurück.

Guten Tag. Hier ist Frau Fuchs. Ich rufe an wegen des Ferienhauses, das wir vom 2.- 16. Juli gemietet haben. Es gibt da ein kleines Problem. Ich wäre Ihnen sehr dankbar, wenn Sie mich zurückrufen könnten. Meine Telefonnummer ist 0049-25518042. Danke.

Nachricht von Elke Neuhaus

(Anrufbeantworter von Carol Morris)

Guten Tag. Sie sind verbunden mit der Telefonnummer 020 75 41 59 ... Ich bin im Moment nicht da. Wenn Sie möchten, hinterlassen Sie mir Ihre Telefonnummer nach dem Signalton. Ich rufe Sie zurück, sobald ich wieder da bin. Danke, und bis bald!

Carol? Hier ist Elke Neuhaus. Ich versuche schon seit zwei Tagen, dich zu erreichen. Ich muss dich unbedingt sprechen. Es geht um mein Praktikum in Birmingham. Rufe mich so schnell wie möglich an. Ich bin heute Abend ab 7 Uhr zu Hause. Du kannst mich problemlos bis Mitternacht erreichen. Tschüss!

Leaving a message on an answerphone

Message from Ms Fuchs

(Harry and Caren Goodman's answerphone)

Hello. You're through to Harry and Caren Goodman.
We're not able to take your call at the moment
but if you'd like to leave a message after the tone,
please give your name and number and we'll get back to you
as soon as we can.

Good afternoon. This is Ms Fuchs. I'm ringing about the
holiday home that we booked for the period of 2nd to
16th July. There' a slight problem with this. I'd be grateful
if you could ring us back. My telephone number is
0049-25518042. Thanks.

Message from Elke Neuhaus.

(Carol Morris' answerphone)

Hello. You've dialled 020 75 41 59 ... I'm not here right now.
If you'd like to leave a message, please speak after the tone.
Leave your number and I'll return your call as soon as I get
back. Thanks. Speak to you soon.

Carol? This is Elke Neuhaus. I've been trying to get hold of
you for the last two days. I really must speak to you. It's
about my placement in Birmingham. Call me as soon as you
can. I'll be at home from 7 o'clock onwards this evening.
I'll be happy to take a call any time up to midnight. Bye!